Retrieving Realism

当代世界学术名著

重申实在论

[美] 休伯特・德雷福斯（Hubert Dreyfus）
[加] 查尔斯・泰勒（Charles Taylor） ／著
吴三喜／译

中国人民大学出版社
・北京・

“当代世界学术名著”
出版说明

中华民族历来有海纳百川的宽阔胸怀，她在创造灿烂文明的同时，不断吸纳整个人类文明的精华，滋养、壮大和发展自己。当前，全球化使得人类文明之间的相互交流和影响进一步加强，互动效应更为明显。以世界眼光和开放的视野，引介世界各国的优秀哲学社会科学的前沿成果，服务于我国的社会主义现代化建设，服务于我国的科教兴国战略，是新中国出版工作的优良传统，也是中国当代出版工作者的重要使命。

中国人民大学出版社历来注重对国外哲学社会科学成果的译介工作，所出版的“经济科学译丛”、“工商管理经典译丛”等系列译丛受到社会广泛欢迎。这些译丛侧重于西方经典性教材；同时，我们又推出了这套“当代世界学术名著”系列，旨在迻译国外当代学术名著。所谓“当代”，一般指近几十年发表的著作；所谓“名著”，是指这些著作在该领域产生巨大影响并被各类文献反复引用，成为研究者的必读著作。我们希望经过不断的筛选和积累，使这套丛书成为当代的“汉译世界学术名著丛书”，成为读书人的精神殿堂。

由于本套丛书所选著作距今时日较短，未经历史的充分淘洗，加之判断标准见仁见智，以及选择视野的局限，这项工作肯定难以尽如人意。我们期待着海内外学界积极参与推荐，并对我们的工作提出宝贵的意见和建议。我们深信，经过学界同仁和出版者的共同努力，这套丛书必将日臻完善。

中国人民大学出版社

纪念塞缪尔·托迪斯

前　言

本书成形于我们在贝拉吉奥为期三周的研修活动，洛克菲勒基金的资助使我们得以进行此项研究，在此我们对这一资助致以深深的谢意。

我们要感谢所有参与讨论的同人，尤其是那些参与德雷福斯-麦克道威尔争论的学者。

我们要尤为感谢理查德·罗蒂，他既是我们的朋友，又是我们的对手，还是一位友好的争辩者。他提出的意见极大地改进了我们的观点，而他的早逝使我们的最终成果无法再得到批评完善。这正是今天迫切需要追念罗蒂的原因之一。

我们同时还要追忆另一位朋友，塞缪尔·托迪斯，他的开创性研究启发了我们的思考。也许，本书能够使人们去关注他在我们的议题上做出的重要贡献。

我们还要感谢吉纳维芙·德雷福斯和穆罕默德·维吉，他们在准备最后手稿的过程中帮助颇多。再次感谢穆罕默德·维吉，在制定索引的过程中他付出了辛勤的劳动。

第一章和第二章中的部分内容曾在《心灵、理性和在世存在：麦克道威尔-德雷福斯之争》（约瑟夫·K. 希尔主编，伦敦：劳特利奇出版社，2013）的第三章中出版。特此说明。

目　　录

第一章　一幅图像囚禁了我们

“一幅图像囚禁了我们。”（Ein Bild hielt uns gefangen）维特根斯坦在《哲学研究》的 115 节如此说道。[1] 维特根斯坦在这里指的是“在-世界-之中的-心灵”这一权威图像，它潜藏在肇始于笛卡儿的我们称之为近代认识论传统的东西之中，并作为根基支撑着这一传统。他用“图像”（Bild）这个词想要表达的是某种与理论不同的更深层的东西。它是一种巨大的非反思性的背景理解，这种背景理解构成我们在该领域中的所有理论化活动的语境，并对理论化活动产生深刻影响。这一主张可以被解释为如下一种说法：自笛卡儿以降的主流认识论思维都被包含在这一并不十分明显的图像之中并受其影响；它是一种束缚，因为它阻碍我们看清这一思想的整个面貌到底错在何处。某些时候我们确实无法做到“在盒子外面”① 思考，因为这一图像看上去是如此自明，如此符合常识和不可置疑。[2] 要想辨识这一图像就得抓住一个巨大的错误，它是某种范式性的错误，在歪曲我们的理解的同时还阻碍我们意识到这一歪曲本身。我们认为维特根斯坦在

1

2

① Think outside the box 直译为“在盒子外面思考”，意思是指脱离固有的、僵化的思维模式来思考。——译者注

这点上是对的。在我们的文化中活跃着一个巨大的错误，它是一种对何为认识的有效理（误）解，严重影响着很多领域中的理论和实践。简短地说就是，我们将知识（误）认为是“中介性的”。在其最初的形式中，它产生于这样一种观点之中：我们是通过内部表象来把握外部实在的。笛卡儿在他的一封信中这样来表明自己的立场：“除非依靠我自身之内的观念这一途径，否则我是没有办法认识我自身之外的世界的”(assuré que je ne puis avoir aucune connaissance de ce qui est hors de moi, que par l’ entremise des idées que j’ai eu en moi)[3]。笛卡儿的这一主张涉及心灵与世界的很多方面。我想要认识的实在是外在于心灵的，而我关于它的知识却是内在的。这一知识包含于意在精确表象外在之物的心灵状态之中。一旦它们正确可靠地表象了实在，那么知识就形成了。我们只有通过（“以此方式”［parl’ entremise de］）这些内在状态才能形成关于事物的知识，这些内在状态称为“观念”。

鉴于笛卡儿的主张尤为强调“只有通过”这一关键性用语，我们将这一图像称为“中介性的”。在知识中我与外部实在有一种接触，但是这只有通过某种内在状态才可以达到。这幅被认为是真实可信的，并由此倾向于固化为不可改变的语境的图像，其关键性的一个方
3 面就是内-外结构。我们寻求把握的实在是外在的，但是我们借以把握它的心灵状态则是内在的。这里的中介性成分指的是“观念”、内部表象，因而我们可以将这一形式的图像称为“表象性”图像。但是我们将看到，这不是唯一的一种变体。这种特殊的形式已然受到了挑战，但是经常被人们忽略的却是一种更深层次的变体，它成为这一图像的最初形态及其挑战的隐蔽语境。

最难让人信服的就是这最后一点。从很多方面来看，笛卡儿在当代哲学中遭到了强烈的反对。他区分内-外结构的方式是经由彻底划分物理实体和精神实体来达成的，这种二元论在今天几乎不再有追随者。更甚者，作为中介性成分的观念，心灵中微小的能够被反省的内容，看上去也是相当可疑的，并且更糟糕的是，它看上去和当代大多

数的知识理解之间没有什么关系。还有一连串其他的反对意见不再一一列举。

然而，某些本质性的东西却被延续下来。以“语言学转向”为例。对于现在的很多哲学家来说，如果我们想要谈论心灵的内容，那么我们不应该诉诸心灵中的琐碎印象，而应该去关注被行动者持以为真的命题性的东西，更通俗地讲就是人们的信念。这一转变很重要，但是它却完整保留了中介性结构。中介性成分不再是某些精神性的东西，而成了“语言性的”事物。这使得它以某种方式成为笛卡儿意义上的“外在的”东西，因为句子是在公共空间中、在言说者之间流转传播的。但是另一方面，鉴于句子被持以为真是一个有关个体言说者及其（经常是未被言明的）思维的事实，我们就再次制造出一种相同的基本模式：实在是外在的，而持以为真则是发生在心灵中的；如果这些信念（被持以为真的句子）如实地反映了实在，那么我们就算拥有了知识；我们借助信念而拥有知识。（知识是“得到确证的真信念”。）

我们再来看看唯物主义的立场。根据这种立场，我们通过否定二元论中的一方来拒斥笛卡儿二元论。不存在“精神实体”，所有的存在都是物质，思维活动本身就产生于物质，比如奎因就支持这一立场。并且，在这种新的形而上学语境中，奎因再次制造了一个相似的结构。我们通过“表面刺激”——我们感官中的反应，环境中的各种刺激源经过这种感官得以对我们产生作用——来获取知识。这些东西才是我们的知识的基础。或者，奎因有时也把关于刺激之物的直接描 4
述，即观察语句，视为基础性的，并且他还认为科学大厦就是根据如下一种要求而被建立的：这种要求表明了（大部分的）观察语句是如何为真的。不管是哪种说法，在这里都含有一个中介性的或“只有通过”结构。像翻译的不确定性、指称的可变性以及科学解释的多样性等主张，其根据在于如下一种考虑：仅根据这些基础性的始点是无法完全决定如何在不同的本体论假说或科学假说之间做出选择的。

在这种“自然化的认识论”中，“内在的”被赋予一种唯物主义的意义。我们关于外部世界的知识是“通过”感官来获得的，因而它们（感官）仅以一种“科学的”而非“形而上学的”方式划定了界限。与此相似，我们在有关缸中之脑——只要一个残忍的科学家能够给予其恰当的输入，那么它就会被诱导着相信自己确实是一个在世之中的具身行动者的大脑——的各种猜想中同样会看到这一笛卡儿式的结构。正像旧的认识论会担心的那样：只要心灵中的内容保持不变，某些邪恶的精灵能够在不被我们发觉的情况下通过控制输入而改变世界，当代认识论者同样编造了一个结构相似的有关大脑的梦魇。这已经成为心灵的物质性替代，大概是因为它是思维活动的因果性根基。中介性结构、（现在是被残忍的科学家控制的）输入的居间界面以及由此而生的相似的“只有通过”主张，都在“唯物主义的”改造中存活了下来。如果我们问缸中之脑假说的支持者，为什么他会关注大脑问题，他可能会这样答复我们：思维活动“随附于”大脑。但是他是如何知道这点的呢？我们何以知道我们只需依靠大脑，或大脑及神经系统，再或者是整个有机组织，（更有可能是）在其环境之中的整个有机组织，就能够拥有知觉和思维活动呢？答案没人知道。缸中之脑的假说只有在中介结构的影响下才是可信的，我们被近代认识论中这一隐蔽的图像所束缚，它需要某种东西来扮演“内部”的角色。

让我们来看看另一种改造：批判哲学转向。我们指的是康德发动的转变。在他这里，基本关联不再是图像式的内部表象与外部实在之间的关联。相反，康德称之为“表象”（Vorstellung）的东西常常看上去与外部（经验）实在相同。但是不管怎样，对于康德而言直观内
5 容以另一种方式来源于“外部”，即它们是我们在被事物“触动”（affiziert）时接收到的某种东西，与由心灵中的范畴加以塑造的东西不同。“只有通过”主张在这里采取了一种非常不同的形式。只有通过范畴的塑造我们的直观才能为我们准备好对象，才会有经验和知识。如果没有我们提供的概念，直观就是“盲的”。“内部的”、“外部的”以及“只有通过”在康德的著作中都呈现出一种新的意义（事实上前两个术语不止一种意义）。但是基本结构却保留下来了。我们会

在后面再探讨这一重要的具有决定性意义的连续性。

我们已然能够看到，这一认识论的潜隐图像仍然束缚着大批哲学家，比笛卡儿二元论、唯心主义或基础主义的批评者通常意识到的还要多。事实上，它还俘获了很多批评者本人。我们在后面会看到，甚至很多自称是“后现代主义者”的人也都没有摆脱这种束缚。我们希望这点在接下来的讨论中会变得明显。但是现在我们仅仅需要知道，关于心灵和科学之能力的种种怀疑论仍然局限在这个传统之中。这个传统本身就产生于对怀疑论的反驳之中（笛卡儿），并且经历了有名的怀疑论转向（休谟，更别提奎因的本体论的相对性）。我们将会在后面讨论这一演变的原因，目前我们只需了解前述段落中提示的那种深刻的连续性即可。

1

一开始，在笛卡儿的著作中怀疑论和近代认识论之间的联系是非常明白的。我们可以说，笛卡儿对怀疑论的使用不是为了加深怀疑论者的怀疑，而是为了建立他自己关于自我、心灵和世界的一系列学说。在第一沉思中读者会受到怀疑论论调的重重包围。重点不是像古人或近世的蒙田那样使我们意识到我们所知甚少，与此相反，笛卡儿的这一讨论意在抵达一种大胆而深远的确定性主张。这些开头的讨论其策略性重点在于促使我们区分内部和外部、身体性事物的实在和心灵内容的实在。当我们意识到，在怀疑论的态度中我们那些关于外部 6
实在的想当然可靠的知识会变得多么脆弱，之后认识到不可怀疑之物乃是我们自己的“观念”内容时，我们就出离了那种身体性事物和精神性事物之间不分彼此的混乱状态，这种状态来自身体与心灵之间的本质性统一，同时也是模糊的和混乱的思想的主要来源。

这一策略性目标的重大差异，使得笛卡儿与第一沉思中的先辈即那些古代的皮浪主义者区分开来。笛卡儿对这些思想的吸收使我们忘记他们之间的工作是多么不同，甚至那些更近世的怀疑论者，如蒙田，都仍然与古代怀疑论者保持着一致，我们甚至还可以说，在休谟那里这种古老的思维方式还获得了某种复兴。古代怀疑论的重点是向我们展示我们能够声称认识的是何其之少。对于任意一种知识主张，其反题都能够被做成可信的。你认为你可以确信周围物理事物的存在吗？试着想想插入水中变弯曲的木棍，以及诸如此类的事例。在这些情况中，反思告诉我们，最终说来这个问题是无法解决的。（正题和反题）势均力敌，也就是说双方是同等的脆弱，因而我们无法拥有真实的知识。

点明这点其意何在？我们生命的目的在于求得平静、安宁或无扰。但是，为了达到这一目标，我们必须放弃对不可完成之事的追求，比如确然的科学。然而，难道我们不需要某些知识来经营我们的生活吗？如果我们根据撞墙或掉井的哲学家的故事来判断的话，似乎这就是古代世界中的非哲学家们会经常想到的批评。怀疑论者会回答说，在事物对我们而言看起来如何的情形中有我们所需的所有东西。如果我们跟随这些显像，我们通常不会出错。我们没有必要在此之上再去寻找诸如显像循迹“实在”这样的科学确定性。

我们不仅不需要去寻找这些确定性，没有必要被鼓动着徒劳无功地寻找它，而且塞克斯都还告诉我们，如果我们拥有了这样的知识，它只会打破我们的平静。他的主张是，任何关于某物就其本质而言是善还是恶的信念都会导致不安，使我们在没有拥有它的时候渴求之，在已经拥有它的时候又担心失去之。当然，我们能够感到冷或渴，但是如果我们认为我们的这些感受就其本质而言是恶的，那么我们就把事情变得更糟了。[4]

7 这些讨论为我们带来了一种转换，自此之后，一个焦虑的真理追求者能够做到悬置判断，进而在其生活中不再追求科学的确定性，adoxastas①。

---

① 根据上下文，此处所用 adoxastas 一词应为古希腊文 adoxastôs，后者是皮浪主义怀疑论思想中的核心概念之一，塞克斯都·恩披里柯在其《皮浪学说概要》中将 adoxastôs 释义为“不带有任何武断性观点地去……”。这里的意思是说观念转换之后，人们不再武断地以科学确定性为标准来行事。——译者注

这里所吁求的“显像”很容易被等同为笛卡儿的“观念”。但是正如波耶特指出的那样，这样做是错误的。[5] 这是因为“显像”并不是与实在相对的本体论意义上的确定物。与其说它们是一种特殊的精神内容，不如说它们更像是事物在某一时间向我们显现的方式。事实上，根本没有必要将这种事物-显现-方式置于心灵之中。插入水中的木棍看起来是弯曲的，这点可以被同等地视为在-水-之中的-木棍的一种特性。或者，显像是我们作为具有灵魂的身体感受冷、热、痛苦等的方式。Phainomena（现象）和 phantasiai（显现）并不总是指可感物（aisthêta），因为它们涵盖比如说 phantasia（想象）的情况，后者指的是并非所有的 phantasiai（显现）都是真的，同时还涵盖怀疑论者所讨论的所有东西都是相对的这一结论。[6]

这一区分适用于有关事物看起来如何的假定的认知地位，以及它们究竟是否应该享有更完美的真实知识之条件。这并没有将 phantasiai（显现）视为一种特殊实体，然而这正是笛卡儿想要去做的事情。在他的观点看来，将“观念”视作一种特殊的内部精神实体是非常关键的，这种实体与外部实体不同，它能在某些方面抵抗住怀疑论的挑战。在笛卡儿的讨论中，重要的一步在于表明人们能够拥有关于显像的确定知识。这就是我们说古代的 phantasia（想象）所具有的那种本体论的不确定性在这里已被清理干净的原因。我对冷、热、痛苦的感觉被本体论地划分成了两个部分：一方面是有关温度的高低或组织坏死的外在的物理条件，另一方面则是内在的纯精神的印象。笛卡儿用一种新的单一的密室——在其中所有的东西一起出现——取代了传统的古老的灵魂领域，后者是个三重合体，它包括 aesthêsis、phantasia、nous（感觉、想象、理性［理智］）。罗蒂将其描述为“有关一个单独的内在空间概念，在这个空间里，身体的和知觉的感觉…… 8
数学真理、道德规则、神的观念、忧伤情绪以及一切其他我们现在称作‘心的’东西，都成为准观察的对象”[7]。

这其实说的就是那个新的通用术语 cogitare（思维）或 penser（思维着），它们将所有种类的精神事态都包括在内了：“什么是一个在思维的东西呢？那就是说，一个在怀疑、在领会、在肯定、在否定、在愿意、在不愿意、也在想象、在感觉的东西。”（Qu’est-ce qu’une chose qui pense? Cest-à-dire une chose qui doute，qui conçoit，qui affirme，qui nie，qui veut，qui ne veut pas，qui imagine aussi，et qui sent.）[8] 现在感觉和想象被突显出来了，因为正是它们而非其他的东西成了某些 cogitationes（思维）的来源，对这点的意识向我们表明我们该如何对待它们，该在何种程度上相信它们。但是，所有这些东西都出现在一个唯一的场所之中。

出于同样的理由，这个单独的场所与身体彻底区分开，而在古代，诸多不同的场所是根据它们参与我们的身体性存在的程度而被划分的。一种新的激进的二元论被建立起来了，在后面更深入的讨论中我们将其称为“二元秩序”。

为什么说这一做法对于笛卡儿的策略来说是重要的呢？因为将观念塑造为一个特殊种类的事物，其 esse（存在）是 percipi（被感知），也即是说，其存在之基本样态乃是“内在性地”向我们显现，由此我们就区分出一种我们能够确定的实体。我们抵抗住了怀疑论的腐蚀，止住了在 isostheneia（均衡）面前的无穷后退；我们获得了一个坚实的立足点：至少它是不可怀疑的。其意义就是能够提供一个基础，由此返回去重新占有在第一沉思中看上去被放弃的领域。笛卡儿就像麦克阿瑟将军那样终于找到了他的避难地，在这里开始重整旗鼓。因为经由 cogito（我思），进而依靠上帝的存在，我们就从我们确实拥有确定的观念这一不可否认的事实转渡到了另一种确定性，即科学地建立的关于外部事物的秩序中的确定性。一旦怀疑论被用来在内部和外部之间建立新的二元论，进而划分出内部事项——其内容（据推测）
9 是无法被怀疑的——的新轮廓，那么怀疑论就开始自我瓦解了。古代（或蒙田式的）怀疑论的任何进一步的结论在此处都不会被考虑。

这是发明“观念”这种新型实体的动机之一。但是它同时也是由多种因素决定的。事实上，这一做法不仅源自在基础主义事业中观念注定要发挥的作用，还因为受到了在伽利略和其他科学革命的参与者那里被实现出来的世界图像的机械化的影响。被视为物质自然中的一种过程，知觉最好被设想为由外部实在在心灵之中造成的印象。就像洛克后来指出的那样，观念“是由于不可觉察的部分在我们感官上起了作用……而在我们内部产生的”[9]。从这一观点来看，观念是刺激过程在心灵中制造的第一效应，先于心灵自身建立的任何组合或连接。它是心灵纯粹被动接收到的东西，用后来休谟引入的一个说法就是心灵中的“印象”。再次引用一下洛克的用语：“在这一方面，理解只是被动的。它是否要有这些知识的起源或材料，不是它自己的能力所能决定的。”[10]

机械化解释为被动的印象这种东西提供了一席之地，即为其提供了因果解释的样式。但是，从基础主义的谋划方面来看，策略性解释同样需要这种类型的东西，因为它确定了知识的基础主义重建工作得以开始的起点。根据策略性解释，基础观念（洛克后来称之为“简单观念”）其自身不能被心灵理解为解释或推理的结果。因为一旦这样理解，那么我们就必须继续深挖到解释或推论之前的东西那里，以便获得稳固的基础。根据因果解释，这种同样的观念被视为纯粹被动接收的一个简简单单的印象。先于解释的所予和被动所获聚集成同一实体的两个方面，成为描述这一实体基本性质的两种方式。因果被动性和解释的自由被视为对同一状况的两种描述。这就是后来被称为（纯粹）所予神话[11] 的东西的基础，也是与此相关的“因果空间”和 10
“理由空间”之间所有疑惑的基础。这种解释同时说明了思维的具体运作方式。[12]

2

这种将表象和知识视为对外部实在的内部映照的二元理论，在笛卡儿和洛克的作用下正式成形于 17 世纪，成为我们所说的中介认识论传统的根基。我们认为，这是一个重要的传统，其成员被一种关于在-世界-之中的-心灵的独特图像（Bild）捆绑在一起，即便他们之间在很多议题上存在巨大的分歧，甚至那些自认为已经完全摆脱了笛卡儿主义束缚的当代成员，其实仍然被束缚在这一图像之内。

那么这一图像到底是什么样子的呢？或者说，那些跨越诸成员之间的差异，甚至那些在当代成员看来至关重要的差异的连续性因素是什么呢？我们将指明四个相互交织的脉络。在某些情况下，这些脉络中的某个可能会中断，但是连续性却被其他的脉络保留下来。

（1）首先是“只有通过”结构，它支持着中介认识论中的“中介”一说：我们关于“外在于”我们的、超出心灵/有机体边界的世界的知识，或是对这样的世界的抵达，只有通过心灵/有机体中的某些特性才能实现。这些特性可以是表象、映照、观念、信念或被持以
11 为真的句子。再或者，根据批判哲学传统，它们还能够是范畴形式，我们拥有概念化输入、使输入对我们而言变得有意义的方式。这两种观点在如下一种主张中汇合：我们对外部实在的映照不可避免地由范畴来塑造，这些范畴要么来自我们的本性，要么随着时间的变化发展而成。不管在哪种情况中，我们与周围世界的认知关联只有依靠这些形式和/或映照才能存在。

（2）这一中介性图像的应有之义还包括，我们的知识内容能够被分析为得到明确界定的、清晰的诸要素。在笛卡儿-洛克式的变式中，知识内容包括我们收集起来的“观念”。在常见的当代变式中，它则包括信念或被持以为真的句子。这里提及的这些东西都是清晰的、确切的。理论上讲，我们能够详细盘点我们的所知，之所以要完成这样的工作是不可能的，在某种意义上也是因为我们所相信的事物的可能内容是潜在地无限的，但是我们仍然能够经常面对那些清晰要素的清晰内容。

（3）在为我们的信念寻求辩护的过程中，我们不可能绕过这些清晰的确切的要素，尤其无法绕开那些直接所予的要素。

（4）第四个脉络指的是我们在前面称为二元秩序的东西，即精神事项-物理事项之间的区分。在这里保留下来的是这种概念性对置，

而非对某种二元论的实际信念。很多当代变式轻率地拒斥有关灵魂或任何种类的非物质实体的观念。天地万物最终均能由物质性来加以说明。然而，它们仍然局限在同样的概念框架之中。首先，它们宣称可以成为所有现象的普遍基础的东西正是“物理”事项，因为它来自笛卡儿的革命，也就是说，这一基础乃是不再被视为意义或“观念”的表达或显现的物质世界，被剥夺了内在目的，成为纯粹因果性的领域。因而，唯物主义运动接受了这一二元秩序，但是却声明只有一项内容确实被保留下来。其次，“精神”事项对于它们而言仍然是一个范畴，因为唯物主义与其说是一种理论，不如说是一种纲领；它们仍需表明思维、感受、知识、行动——凡此种种在心灵或智性中的现象——能够以纯粹物质性的内容来加以解释。但是解释某物的前提是能够将其摆明出来，实际上它们是用二元秩序的基本术语来将其摆明出来的，即“精神”事项被认为是内在显现的领域，在那里事物的存在等同于被体验。在整个还原论事业中对感觉、直感以及“感受质”的关注同样如此，其目的是想让我们相信这些东西最终说来“仅仅”是某些大脑状态。

二元秩序指的是，存在具体的有广延的事物；同时也存在“精神 12
的”、无广延的、完全非物理的事物；这是世界图像的机械化导致的结果。现在我们已将精神-物理之间的区分摆明为一个显著的区分，但是仍然存在沟通的问题——“心-身”问题。这是一个非常现代的概念，这种构想事物的方式在柏拉图或亚里士多德那里是非常陌生的。

但是，如果我们稍微反思一下会发现，这种划分事物的方式并非必然是“显而易见的”。以“身体”欲望和其他“高级的”、更少身体性的欲望之间的对比为例。虽然我们以某种人类道德的名义想要拒绝隐含在这种对比中的等级差异，为感性生活的价值做辩护，但是我们仍然可以理解这一区分。并且我们还可以向后回顾我们上面提到过的那种古老的关于感觉、想象、理性——aesthesis、phantasia、nous——的理解模式。这种理解与笛卡儿主张的那种将“心灵”当作一个单一“场所”的现代观念非常不同。

赫伯特·费格用下面这些说法来界定这一区分："精神"事项由"现象性"事物来界定，而现象性事物指的是我们通过"亲熟性"就能直接接触到的事物。"亲熟性本身"意指"被经历的、享有的或遭受的直接的经验本身"[13]。

这里的思路是找出唯有依赖第一人称（单称）视角才得以可能的东西，并且将其视为一个独立的存在。所以如果从非第一人称视角出发，你不可能把握住诸如自己的正在展开的生命这种东西。但是在可外部观察的实在旁边，我们会假定某种东西，借用贝克莱的说法，这种东西的 esse（存在）是 percipi（被感知）。这依靠内-外结构得到解释，尽管内部实在的合理化方式是不一样的。我们可以仅仅将其设想为现代唯物主义意义上的"显像"。但是对于笛卡儿和第一代认识论模式来说，我们在这里拥有的是非物质实体。这就是为什么说从其自身之外来把握它不可行的原因。

旧的前现代的本体论并不这样看待事物。我们设想的心和身在它们那里是交融在一起的。比如对于柏拉图和亚里士多德而言，我们周
13 围的事物是由理念或形式来塑造的。其典型就是生物和人造物。目的性无处不在。对于前现代时期的日常生活中所包含的隐含本体论来说，这点也是成立的，根据韦伯的术语，可以说在那时人们生活在一个施魅的世界之中。比如春药，其因果效力是在一种意义模式中被界定的，而不是像现代性药那样，仅仅让人产生欲望，没有对此欲望的终极人类意义做出任何规定。但它们确实是春药。马克王之所以赦免了特里斯坦和伊索尔德，是因为他知道罪不在两人，而是在于冲动的魔力掌控。

再比如有治愈性作用的古物，它不像医药那样专门治疗某种特殊的疾病，而是针对任何使你感到不舒服的东西。再比如忧郁，常常被认为是由黑色胆汁造成的。这里的想法是情绪和肉身是统一的。"现代"信念则没有这种结构。我们确实知道某些化学成分的摄入能够引起沮丧的情绪。沮丧作为一种情绪只是药物作用于我们的身体化学机制的一种表现。我们并不会将外显的意义视为与药物本身是同质的。

我们可以将药物的效力设想为一种入侵——一种我们能够对抗的

东西。甚至，当我们知道我们的有恙来自某些化学成分时我们会如释重负，因为这表明它没有真正破坏我们，我们有理由不沮丧，我们能够出离这种情绪。但是在古代，你一旦听说你有黑色胆汁，那么你便知道你被某种真实确凿的东西控制了。[14]

现代后笛卡儿主义二元论并不像柏拉图式的二元论，因为对于柏拉图而言，低级事物乃是高级事物的表现。因而，如果我们想要摆脱低级事物，就得通过追求它之中的高级事物来完成。这就是 Eros（爱洛斯）的运动，正如在《会饮》中描述的那样。但是，与此相比，笛卡儿是通过反对它，将其视为僵死的、沉默的东西这种方式来摆脱肉身性事物的。

事实上，现代二元秩序以及世界图像的机械化，其奠基性运动就是这种笛卡儿式的出离，它砍除了我们周围世界的意义，不管是事物对于作为具身行动者的我们所具有的一般日常意义——能够利用的或不可利用的，压迫我们的或向我们敞开的，有吸引力的或令人厌烦 14
的，邀请我们的或禁止我们的——还是事物由理念决定的内在目的。笛卡儿不仅跟随伽利略意欲否认关于自然的古老的目的论观点，还追求一种对物质性事物更加彻底的客体化，而这种物质性事物自然也包含着我们自己的活生生的身体。我们不得不走出普通的具身视角，根据这种视角，感受到的温度来源于事物，疼痛来自牙齿，转而去采用一种旁观者的立场来把握事件的过程，根据这种过程理解，心中的特定体验是由物理世界中特定的条件引起的，比如说是由客体中的分子动能或牙齿中的腐败引起的。

笛卡儿在某些场合表明，他所做的事情厘清了感觉和第二性质问题。在某处他说道："我对于冷的观念和热的观念很不清楚、不明白。"（Les idées que j'ay du froid de la chaleur sont si peu claires si peu distinctes.）在另外一处他说道："我们如果把痛苦、颜色或同类的东西，只认为是……思想，则我们对它们便具有明白的、清晰的知识。"（nous connoissons clairement et distinctement la douleur，la couleur et les autres sentimens，lors que nous les considerons simple-

ment comme…des pensées.）但是在别处他又说："感官的这些感觉或知觉被放在我里边仅仅是为了警告我的精神什么东西对总和体（精神是这个总和体的一部分）是有好处的或者有坏处的。"（ces sentimens ou perceptions des sens n'ayant esté mises en moy que pour signifier *à* mon esprit quelles choses sont convenables ou nuisibles au compose don't il est partie，jusque l*à* estant assez claires et assez distinctes.）也就是说，这些模糊的经验如果从一种外部的视角被把握为一种带有求存功能的身–心因果关系的话，那么它就会变得清楚明白。[15] 正是这种二元秩序以及对具身性立场的彻底出离，在传统中
15 被尊奉为考察人类本身的正当的"科学"立场。这点在笛卡儿和洛克的原始二元论视角那里是非常明显的，就像在唯物主义用无意义的事项来解释所有行动和思维的做法中是同样明显的那样。[16] 并且，它在有关"精神"事项的贫乏范畴和内部显像中都有体现，不管这种内部显像最终是否被表明与大脑状态"等同"。

这就是在中介传统批评者的主张中的关键之处，即关于心灵的现代还原论理论本质性地来看仍然是"笛卡儿主义的"，这一指责被还原主义的支持者们极大地误解和忽视了。与此相关的是近几十年来流行的一种解释思维的方式，它基于这样一种想法，即我们的大脑运作在某些方面类似于数字计算机。这些观点兴盛了几十年，在很多认知科学家的构想中仍然发挥着作用。

计算机模型展现了我们前面所列的四个中介传统的延续脉络。（1）它主张心灵从环境中接收"输入"，然后产生"输出"；（2）计算过程基于得到明确界定的信息片段来进行，同样地，大脑对明确的信息片段展开计算；（3）大脑作为一台计算机是一种纯粹的"语法装置"，其计算过程通过"输入"确定对世界的"指称"；（4）整个解释的基础是一种唯物主义的观点，即精神运作能够通过参考大脑这一基本装置的物理运作来得到解释。由形式程序带来的机械主义和形式主义，笛卡儿曾将其分配给他的身体和心灵两种实体，现在被重新整合在身体之中。然而这绝不仅仅是一种外在的综合。遵循明确形式规则

的思维与机械主义协调一致，因为两者都排斥我们作为具身的社会性和文化性行动者所具有的那些并非完全透明的直感，比如，知道是否能够成功跳过某个沟壑，知道某人是否对我感到恼火，能感到聚会的 16
氛围突然变得紧张，等等。

事实上，这一整合支持着图灵的一个重要观点，即一个纯粹的形式系统必须是能够被机器操作运行的系统，因为唯有如此我们才知道，没有什么不透明的直感是不能被认识的、自然而发的、处于推理过程之外的。就像马文·明斯基说的，“如果程序能够被某些非常简单的机器操作出来，那么关于‘创新’或‘智能’就不存在什么疑问了，也不会再去追求所谓的创新，由此我们也就能够保证达到彻底的说明，并确信我们拥有了一个‘有效程序’”[17]。这就是约翰·豪格兰称之为“自动原则”的东西：“只要一个形式系统的合法动作是由运算法则充分决定的，那么这个系统就可以被称为是自动的。”[18]

3

现在我们看到，很多人对这四个脉络——（1）“只有通过”结构，（2）内容的清楚明白，（3）我们不能跨过这些内容，（4）二元秩序——的持续影响力感到不足为奇，更别说对此产生忧虑了。难道这些脉络是受现代科学影响的常识的必然结论？针对这些事项我们还能别有所思吗？

我们对这样的反应并不感到奇怪。当我们处理的是维特根斯坦意义上的根深蒂固的图像时，这幅图像由于看上去如此明显、如此毋庸置疑、如此不可替代而“囚禁了我们”，我们还能期待其他的可能性吗？

然而我们不能止步于这种双方互不影响的僵局之中。并且，本书的任务之一就是要判明并超越这幅不合适的图像，它主导我们的思维活动已经太久了。我们希望接下来的讨论能够推进这一工作。但是现 17

在，也许松动一下那些太过顽固的直观，指出在由（1）—（4）决定的图像之外还存在其他的选择可能会更有帮助。

那么，一种替代性选择应该包含哪些要素呢？如果上述四个要素界定了一种中介理论，那么这一替代性的观点就应该被称为“接触理论”。中介理论追求的是从某些中介性要素中产生的知识，因而我们只能通过某些间接的描写或范畴来接触知识中的实在，但是接触理论认为知识本身就是我们与被认识的实在取得直接接触的方式。

以谦虚的口吻来说，这有点像以往的“天真实在论”；因为对于那些落入中介性图像的人来说，它确实看上去是天真的和前反思的。但是，在我们的哲学传统中一些相当老练的观点同样可以视作接触理论。比如，柏拉图在《理想国》中将真实的知识解释为与模糊易逝的意见相对立，这取决于我们与之接触的实在到底是真实不变的东西还是变动不居的东西。他提出灵魂的眼睛这一说法，认为灵魂的眼睛或者朝向万物的消极面，仅仅注目变动的时间性的摹本；或者转向另一面，即光显明永恒理念的地方。[19] 这里不存在某种中介性要素，在我们和实在之间不存在隔阂。真实的知识是一种直接的接触。

我们当然可以反驳说所有这些说法都是一种比喻，并非真实的“理论”。但是我们可以进一步考察亚里士多德在《论灵魂》中提出的知识观，在这里他指明，现实化的知识（apisteme）与存在同一。[20] 这里的想法似乎是，正如真实的事物是由其所属类型的形式（eidos）加以塑造而成其所是的那样，心智（nous）以其独特的方式同样能够被不同的 eidê（相）加以塑造。也就是说，在关于事物的正确知识中，nous（心智）和事物是由同一个 eidos（爱多斯，理念）来塑造的。这里没有关于摹本或映照的问题，只有一种某类型的 eidos（爱
18 多斯，理念）。当我看见一个动物并知道它是一只羊时，心灵和对象是同一的，因为它们被相同的 eidos（爱多斯，理念）赋形而聚合到一起。[21] 这就是为什么说**现实化的**知识的形式与其对象是同一的原因。我们可以用一种形象的说法来将这一隐蔽的观念变得更加具有直观性：把形式设想为一种塑造对象和心智的节奏韵律，凡是有知识的

地方，完全相同的韵律就会聚合心灵与事物，在这个单一的运动中两者成为一个东西。因而我们会说存在着直接的接触。

我们穿过比喻最终又诉诸比喻。这对哲学的理论化可能会有所暗示，并非意味着我们缺少理论能力。但是至少我们希望我们已经摆明，在我们的哲学传统中接触理论已经被提出过，它们并不是完全怪异的。只不过在这两位古代圣哲这里，对接触的理解很大一部分依赖于他们的本体论思想——实际上是依赖于形式理论，即我们周围的实在是借助于理念的塑形才成其所是的。一旦我们经历了伽利略革命和世界图像的机械化，即便我们还没有将这种机械性观点扩展至人类思维和行动领域，那种旧有的嵌入宇宙的目的论也不会再让我们信服了。

因此，在现代哲学中出现的实际上是一种不依赖旧目的论的新型接触理论。这种类型的理论在 20 世纪早期阶段达到了自我宣称的新高度，其中的佼佼者包括海德格尔、梅洛-庞蒂、维特根斯坦等人。产生这一理论的一个基本运动是将思想和知识重新嵌入其得以发生的身体和社会文化语境之中。这一理论意在展露我们日常描述实在时的意义框架或语境，并表明对于作为具身的、社会文化性的存在者的我们而言这种意义框架或语境是无法与我们的能力分开的。这里的接触不是在理念的意义上获得的，而是某种源始的东西，某种我们从未避开过的东西。它是活生生的、行动着的存在者的接触，这种存在者的生活形式包含着在一个世界之中并对这个世界而行动，同时这个世界又会反作用于存在者。这些存在者与世界和他人打交道，这种原初的接触为他们所有的知识生产提供意义建构的语境，不管这些知识建构 19
是如何深地建基于间接性映照，它们也都必须依靠与周围世界之间的这种源始而不可分割的牵连才具有意义。

4

我们计划在第二章来分析这一理论的具体细节。但是我们首先想列明中介理论和接触理论两种进路之间的差异，因为对这些差异的无视已经导致了很多误解和无效对话。

对于接触理论而言，真理是自我确证的。当你在那儿的时候，你知道你在那儿。但是对于中介理论来说，这一点是行不通的。一种常见的做法就是把真理视为得到证成的真信念。首先是具有某信念，即我想表达的某主张；为了使这一信念达到知识的高度，它必须是真的，即符合事物的存在方式；进而还需要持有该信念的好根据。对好根据的界定促使我们集中寻找标准或准则。

证成在这里有两个重要的特点，标明了中介理论与接触理论之间的差异。其中一个特点是：我理应能够根据一定数量的特性——这些特性能够被我单独拣选出来作为标准——来解释我相信某信念为真。

在很多生活场合中，这种要求的正当性并不是看上去那么显而易见。我确信现在是2014年，我在劳伦特斯区努力写下一些关于认识论的讲稿，诸如此类。如果你问我为什么如此确信，我会立刻变得支支吾吾，不知道该说些什么了。也许更好的说法是我不知道该从何处开始，有太多的东西要说，但并不能抓住问题的核心。这不仅仅是因为有很多可独立识别的标志，更是因为存在很多完全不同的考虑方式。这些东西所属背景就像我们检查/追问其他事情时一样稳固。

维特根斯坦在《论确定性》中提到，当我们问在五分钟之前这个世界是否还没有开始时[22]，这类问题就会出现。它就在这里，就像
20 我们经验到的那样，带着所有那些以往时代的痕迹，包括我们的记忆-信念和岩层中的化石，但是它从来不是在几分钟前一股脑存在着的。当某人提出这种多少有点牵强的疑问，并且我们给予否定的回答时，这是否意味着我们从来就一直保有一个信念，认为世界在过去的时间中是一直存在的呢？我们是在遵循世界的存在由来已久这一“假定”吗？似乎并非如此。毋宁说情况是：无限延展持存着的世界乃是一个框架或语境，它使我们的诸多问题和疑惑，比如化石的年代、估测山体的年龄、通过沧海桑田的假设来解释某地理环境的具体特征等变得有意义。这一框架不是一种假定或一个信念，它只是被毫无争议

地持之为框架。事实上，如果没有特殊的要求，我们是不可能以上面那种方式来质疑它的。

这是否意味着我们不够仔细，没能向下抵达信念的真实根基？因而我们应该在五分钟之前世界还不存在这一附加前提之下来重构我们的知识？然而维特根斯坦的观点是说，这种基础性抱负是徒劳无功的。我们总是并且不可避免地是在被认为已然存在于那里的框架之中进行思考的。换句话说，古怪的哲学可以追问的事物简直太多了。我们根本不可能抵达根底处。按道理讲，总会有某些或其他诸如此类的框架在先存在着，使我们的活动具有意义。当我们学着去专题化质疑某些事物时，框架开始转换，但是作为一个种类它们是不可避免的。尤其是，我们的时空境遇构成了我们的生活框架的一部分，正是在与这一框架的关涉中，我们顺利地处理着交道之物，包括那些被质疑和被讨论的事物。

与此相反，中介性方法似乎是想把每一个信念都视作摆在那里的、自足而孤立的、无框架的东西。这就是为什么它能够仅仅以准则的方式来设想证成的原因。为什么要这样做？因为这看上去是对的、稳妥的。鉴于我们出过很多差错，框架往往被证明是不可靠的、带有缺陷的。比如，以前关于我们的文明的宏观-时间-框架包含在圣经叙事之中，不能对这种叙事进行“字面的”理解，因为这个问题在现代时期之前还不具备它目前所拥有的形式，而是要按照类似的传说通常被理解的方式来理解它。圣经叙事给我们讲述了自人类历史开始以来一系列的重要事件。自 18 世纪以降，产生了“时间的黑暗深渊”
这种意识。在这后一种框架之中，关于一种晚近的充满更久远的存在 21
标志的起源的假说被提出来，成为一种“字面意义上的”回应，意在重新确认《圣经》的权威。

因而存在着修正，并且在做出修正的地方，我们往往有很好的支持性理由。如此看来，说我们总是需要理由有什么错呢，即便是在我们没有意识到我们缺乏正当的理由却仍然相信某些事物的情况下？无批判地接受某框架难道不是意味着落入一种认为我们永不会出错的教条主义吗？不是的，因为存在着错误和修正的情况，就像我们刚才提到的时间框架所表明的那样。还有一些更陈旧的公认的诘难：我们被欺骗了，被药物迷惑了，被操控了。针对我们的立场可以提出很多不同的差错性叙事。如果这类假设被提出，我们就不得不在与这类叙事的关涉中检查一遍相关事物。但是接触理论家的回应是，这些（特殊的）情况同样能够依靠我们对世界的一般把握而得到解决。

关键之处在于，除非我们能使一种基础主义的证成——其向下一直抵达不可怀疑的要素、非解释的印象或“简单观念”——具有意义，否则我们就一直处在易于受到挑战和修正的框架内来思考。我们对此的充足信心反映出这样一种意识：尽管是在框架内活动，我们却仍与实在相连。这一信心有可能会（可以说几乎必然会）在某些无法预料的方面被误置，但是不会完全被误置，因为只有在一个可修订的框架之内我们才能处理这些错误。在框架之内，我们自然会对相关问题提供理由、寻找标准。我们筛选表象，追问它们是否适用。我们把我们的信念、理论视为与实在相对应的、关联于实在的东西。所有这些之所以可能，在于有一个更大的设定性的与实在接触的语境。设定可以是错误的，但绝对不会是完全错误的。这就是接触理论占有而中介性解释错失的地方。

根据我们的在先框架，某些假设会变得轻率，甚至荒谬，比如上面提到的“五分钟之前”的假设。也许这里是我们错了，这些异乎寻常的改革者确实在追求某个东西？这是有可能的，但是肯定不是经常如此，让我们试想一下当今大屠杀质疑者们那些不自然的、相当可疑的言论就够了。

区分有关证成的中介性理解和接触性理解的第二个特点关乎我们
22 占有时间的方式。我们对事物的一般意识、我们在何时何地、我们的所作所为意义何在等，都是路径依赖的。我知道我在这里，在劳伦特斯，因为我来到了这里。我们对于事物的把握不仅是一种无时间的或当下瞬间的把握，我们还拥有一种完成时态的理解。我们在这里，是因为我们长途跋涉来到了这里。就像旧时的惯用语说的那样，“我们是有来处的来者”。

对时间性之物的把握不是以一系列的现在时主张来表达的，比如事物是如此这般的，对于这样的主张而言标准的符号是记忆，这些记忆理应是关于过去事件的，我们可以称之为非限定过去时事件。在本威尼斯特的著名讨论中，法语完成时（le passé compose）将被描述的事物与言说者的处境关联起来，而不定过去时（le passé simple）则将这种关联置于开放的未确定状态之中。[23] 这里我们想要阐明的是，在我们对实在的把握中，某些方面只能被恰当地纳入完成时态的陈述之中，比如知道你在这里这件事就是如此。

根据接触性观点，上述内容乃是真理的自我证成本质的根据。你之所以知道是因为你在那里，它是已然去到那里这一事实的不可分割的部分。我们拥有对实在的过渡性把握。当在后面遇见不同的立场，我们还会在与不同观点的联系中继续讨论这点。现在我们可以分析一下一个比较常见的情况，即做梦。我们醒来，这点确保了我们真在那儿，与实在相连。柏拉图在关于辩证法的讨论中也提出过类似的观点：你知道你在那里——与真实的实在相连——因为你已经爬出谬见的洞穴到达那里。

正如我们在笛卡儿的第一沉思中看到的那样，有关做梦的怀疑论论辩其说服力来自将我们置身于梦境之中。在那种情况下，我们可以并且实际上经常被愚弄。但是一旦我们已然意识到我们早就醒来，所有这些问题就不复存在了。

然而，将生活本身设想为一场梦的做法又会如何呢？像卡尔德隆认为的那样，今生乃是一场梦（La vida es sueño），情况又会如何呢？也许确实如此，但是这唯有与一种更深层次的觉醒相连才是可能的，我们只有身处那种觉醒之中才能知道今生乃是一场梦。

与笛卡儿一样，中介理论对这种梦之困境的理解将我的处境视为我遭遇了一个令人信服的显像，这个显像现在看起来是不真实的。完
成时态的觉见非常清楚，这一理解并不令人信服；事物到处漫游。一 23
旦在醒来的状态下对梦境做出描述，就会发现它们是非常随意的、变

幻莫测的。只是我与这点之间的批判性距离是零或非常小。大多数幻觉情况也如此。

这两点是联系在一起的。我们琐碎的觉见，我们对特殊事物的把握，都嵌入在对一个更加普遍的框架的采纳之中，后者使前者变得有意义。首先，这种采纳是整体论的：一方面，你无法将其分解为一系列琐碎的把握；从另一方面来说，它是不可逃避的：所有琐碎的把握都预设它，依赖它。其次，这种整体论采纳具有时间深度，这点已经由海德格尔的**时间性**概念表达出来了。

两种见解的核心议题关乎框架问题。接触理论家当然会同意，某些具体问题能够通过诉诸标准的方式得到解决——这主要是针对那些在框架内部产生的问题。但是，并不是所有的问题都能这样解决。中介理论家想要将这种解决方案推广到每一个问题那里。中介理论的核心是追求好的方法及其普遍的适用性。它设定了一个对那些显而易见的可能错误持怀疑态度的不断进行质疑的心灵。或者说它运用着一种法庭风格，就像一个好的出庭辩护律师。不要一股脑地接受别人提供给你的所有东西，要将事情条分缕析。比如：琼斯先生，你看到的到底是什么？请详细地告诉我们，不要掺杂任何推断。

与伽利略革命不可分割，当人们意识到常识、对事物的“自然”把握变得不可靠时，上述中介立场就获得了大量的合理性。太阳确实看上去是在“降落”；只要你停止推动，货运车似乎就会停止不前。但是我们都知道实情是另一番样子。基础主义拒绝对这种好的法庭方法进行任何限制。这是笛卡儿和洛克提供给我们的东西。你从纯粹所予开始，进而通过负责的推论建立起知识的大厦。这种古典认识论实际上是把好的方法给本体论化了。解决困惑和建立大量可靠知识的正确做法是将问题拆分为子问题，明确推论链条，向下开掘出一种不依赖推论的起点，由此再通过一种可靠的程序来建构知识。一旦这点开始被视为思维活动的万能良方，那么人们就会不可避免地相信这就是心灵在理解世界时的实际工作方式。因为如其不然的话，人们就只能得出一个破坏性极强的结论：唯一可靠的方法在最重要的语境中居然

是不适用的，而正是在这一语境中，我们建立起关于世界的知识。所 24
以说认识论决定了本体论。基础主义界定了心灵实际的运作方式。要么是懒散地、不上心地、遵从外部权威地来行事，要么是仔细地、自我省察地、自我负责地来做，不存在其他的可能。

我们可以看到不一致性是如何容易地产生出来。根据这一中介传统所滋养的设想，似乎我们能够顺利地为我们的信念提供理由，寻找能够表明它们是正确的标准。这不是问题所在，因为我们已经触底了，达到了先于所有解释的纯粹所予。这种纯粹所予是“无可如何之物”；我们能够怀疑它，但我们不能改进它、修订它或核实它。因而，当接触理论家谈论到那些因为我们在那里所以我们才知道的事物，我们不需要可辨识的标准就能够对其加以把握的事物时，很自然的理解是，他们正在讨论的其实就是那些“无可如何”的事项。但是，正像我们上面看到的那样，这并不是问题所在。框架可以被挑战和修订。但是被修订的东西，无须标准即可被认识的东西，并不会使一种基础主义理解成为可能；所以我们经常是在讲人自讲。

讽刺的是，这种被认真构造起来的基础主义理论最终却产生了另一个非反思的 Bild（图像），一种新的需要被挑战的“常识”。这就是我们想在第二章表明的东西。

5

中介理论的一些动机在前述段落中是隐蔽的。它反映出一种批判性意识的立场，不想简单地根据权威来理解事物，或接受原有的、容易的和最便捷的解释。对于那些经常被轻率地接受的信念，它提倡一种自我负责的合理确证。但是它并不仅仅是一个认识立场；它还是一种更宽泛的理想的构成部分，这种理想追求自由和个体责任，规定了一种一般的在世方式，而不是一种单纯的践行科学的方式。

并且，事实上，我们知道，这种个体责任的伦理已然成为西方现代性的一个关键组分。对于改革后的精神生活而言，不管是新教还是天主教，它都是核心性的，进而它又采纳了世俗化的形式，在有关理性、自主以及自治的政治规范的理想中得到表现。事实上，“批判的”已成为赞许的一个关键词；作为一种自我描述，它可以算作对某人立场的一种认可。

25 在一种更深的层面上来讲，不处身①立场还得益于一种有力的伦理追责。因为它被看作是和自由、责任与自我透明性——我们通过反思自己的思想而获得——无法分开的，因而获得了高度的重视。但是，它所导致的世界的客体化同时也是对其本身产生某种限制的条件。只要我们是在一个表现着某种道德和精神意义的宇宙中来看待自己，我们的态度就是或应该是由那些内在于事物中的意蕴来决定的。但是一旦我们开始用机械论的眼光来看待世界，将其看作一个有效因果性的、没有内在目的的领域，那么我们就能够随意地将其当作一个中性场地，在这样的场地中我们主要关心的问题是如何触发我们自身的目的。工具理性成为唯一合适的范畴，并且知识被视为力量的基础。

再次从一种更深的层面来看，不处身不仅是力量的来源，它还是祛魅的工具。世界不再是精神和魔力的场所。人类生活中恐惧和敬畏感——在我们每个人的幼年时期它们是很容易地被恢复的——的古老而原始的来源之一，现在被忽视和耗竭了。与以前受精神和魔力支配的古老感受相对，现在有了一种刀枪不入的感觉——而且还有对这种刀枪不入来之不易的直觉。它需要努力和勇气，以便压倒原始的恐惧，抛弃安居于有意义的宇宙为我们提供的位置中的舒适感。这产生了一种自豪感。

---

① 译者将这里出现的 disengagement 以及后面的 engagement 译为“不处身”和“处身”，意在突显行动者的基本在世是“涉身”的、实践性的和整体论的，而非光秃秃的、理论性的和原子论的。在德雷福斯的早期著作《在世：评海德格尔〈存在与时间〉第一篇》中，engage 往往用为动词，指的是此在对一些日常实践活动的“从事”。在这里德雷福斯使用更多的是 engage 的名词形式，即 engagement，我们将其译为“处身”，以呼应后面章节中对具身性问题的强调。——译者注

现代不处身的行动者持续地生产一种沾沾自喜的话语，盛赞催生了自由的、批判的行动者的勇气和努力。典型的做法就是欧内斯特·琼斯将弗洛伊德描述为继哥白尼和达尔文之后的另一位现代性英雄。他们中的每个人都意在抛弃那幅关于有意义的世界的自我夸许的舒适图像，在这样的图像中，不管说世界是宇宙的中心，人类与动物殊为不同，还是说人类心灵高悬于身体感受之上，以便直面那令人不自在的甚至是令人感到痛苦的真理，我们都享有首要的地位。

因此，在生产有效而可靠的信念方面具有预想的效率之外，中介认识论还包含很多其他内容。对力量的愿景和尊严感跟随着这种存在方式，而这又使其看上去是不可动摇的和无可替代的。但是，为了理解解构这种中介观点的意图，我们应该同时意识到不处身立场已经促生了强大的反对力量，这些反对力量自浪漫主义时期以来就在不断地发展壮大。这样的意识在不断增长：这种立场切断了我们与世界、自 26
然、社会甚至还有我们自身的情感本性之间的关联。我们成了亟待疗救的分立性存在。对待自然的客观工具性立场使我们与自然之间的沟通以及那种被包含在自然之内的感受成为不可能的。自我负责的要求将我们推回到第一人称单数之中，使我们赋予独白事项而非对话事项以首要地位。

以上所有这些抱怨，不管正确与否，都壮大了对中介观点的挑战力量。在中介理论和接触理论这两种模式之间所发生的斗争，远远不是一场关于科学方法方面的不流血的论辩。相反，它深深地牵涉进现代时期的伦理激情和形而上学激情之中。

注释

[1] Ludwig Wittgenstein, *Philosophical Investigations*, trans. G. E. M. Anscombe (Oxford: Blackwell, 1997), 48. 115 节实际上是这样写的：“一幅图画囚禁了我们。我们逃不脱它，因为它在我们的语言之中，而语言似乎不断向我们重复它。”(Ein Bild hielt uns gefangen. Und heraus konnten wir nicht, denn es lag in unsrer

Sprache, und sie schien es uns unerbittlich zu wiederholen)［中译本：维特根斯坦，《哲学研究》，陈嘉映译，73 页，上海：上海人民出版社，2001。——译者注］在我们的讨论中，我们会进一步指出，这幅图像被锚定在我们的整个思维方式和对象化世界的方式之中，因而也锚定在我们的生活方式和语言之中。

［2］维特根斯坦在这一小节中实际上是说，我们语言的语法不停地向我们重复这一图像，这正是难以出离这一图像的原因。我们对此的理解是，隐藏在语法中的东西实际上依赖于我们关于心灵、行动者、世界的背景理解中的某些更为复杂的东西。更为深入地阐明这一依赖性乃是本书的目的。

［3］Rene Descartes，"Letter to Gibieuf of 19 January 1642"，in *The Philosophical Works of Descartes*，vol. 3，trans. John Cottingham et al.（Cambridge：Cambridge University Press，1991），201.

［4］Leo Groarke，*Greek Scepticism*：*Anti-Realist Trends in Ancient Thought*（Montreal：McGill-Queen's University Press，1990），134.

［5］这里我借鉴了迈尔斯·波耶特的相关讨论。见 Miles Burnyeat，"Can the Skeptic Live with His Skepticism"? & "Idealism & Greek Philosophy"，in *Idealism Past and Present*，ed. G. Vesey（Cambridge：Cambridge University Press，1982）。

［6］Burnyeat，"Can the Skeptic"，121.

［7］Richard Rorty，*Philosophy and the Mirror of Nature*（Princeton，NJ：Princeton University Press，2009），50.［中译本：理查·罗蒂，《哲学和自然之镜》，李幼蒸译，38 页，北京：三联书店，1987。——译者注］

［8］Rene Descartes，"*Meditations*，II，Adam and Tannery，IX-I，278"，见 *The Philosophical Works of Descartes*，vol. 2，trans. John Cottingham et al.（Cambridge：Cambridge University Press，1984），19。［中译本：笛卡尔，《第一哲学沉思集》，庞景仁

译，27 页，北京：商务印书馆，1986。——译者注]

[9] John Locke, *An Essay Concerning Human Understanding*, ed. P. H. Nidditch (Oxford: Clarendon Press, 1975), 2.8.13. In 4.2.11. [中译本：洛克，《人类理解论》，上册，关文运译，102 页，北京：商务印书馆，1983。——译者注] 洛克在此谈到了"细小微粒"。

[10] Ibid., 2.1.25. [中译本：同上书，88 页。——译者注] 还可见 2.30.3，在这里洛克说"就其简单观念来看"心灵是"完全被动的"，以及 2.2.2，在这里洛克说制造或去除一个简单观念超出了我们的能力。

[11] 这一用语来自威尔弗雷德·塞拉斯，"Empiricism and the Philosophy of Mind", in *Science, Perception, and Reality* (London: Routledge & Kegan Paul, 1968), 196。

[12] 这点最为明显地体现在洛克那里，在对心灵运作方式的解释中，洛克将建筑物来自建筑材料这一模式发挥到了极致。观念是"材料"，"他无论有什么奇能妙法，而其力之所及亦只能组合并分离手底下那些现成的材料"(2.2.2)。[中译本：《人类理解论》，上册，85 页。——译者注] 并且在谈到复杂观念来自简单观念的组合之后，洛克说道："这就分明表示出，人类的能力同其作用方式，在物质世界方面同理性世界方面，都是一样的。因为在两种世界方面，所有的物质，人都没有能力来支配，亦不能造作，亦不能毁灭；人所能为力的，只是把它们加以连合，或加以并列，或完全分开。"(2.12.1) [中译本：同上书，130 页。——译者注]

[13] Herbert Feigl, *The "Mental" and the "Physical": The Essay and the Postscript* (Minneapolis: University of Minnesota Press, 1967).

[14] 这一点已经被查尔斯·泰勒更深入地探讨过了，chap. 11 in *Sources of the Self* (Cambridge, MA: Harvard University Press, 1989)。

[15] 上述引文分别来自：*Meditations*, Ⅲ, Adam and Tannery, Ⅸ-1, 34 [中译本：《第一哲学沉思集》，44 页。——译者注]; *Princi-*

ples，I. 68，Adam and Tannery，IX-2，56［中译本：笛卡尔，《哲学原理》，关文运译，28 页，北京：商务印书馆，1958。——译者注］；*Meditations*，VI，Adam and Tannery，IX-1，66［中译本：《第一哲学沉思集》，88 页。——译者注］。也可见艾伦·格沃斯的相关讨论，"Clearness and Distinctness in Descartes"，in William Doney ed.，*Descartes*：*A Collection of Critical Essays*（Garden City，NY：Doubleday 1967），260n33。

［16］像詹妮弗·霍思斯比描述的那样，"科学的自然主义"的目的是以自然科学家采用的"客观的第三人称视角"来解释人们的行动、感受、意向等。其潜在的信念是，所有真实的事物必须对于那种视角来说是可理解的。霍思斯比的看法是，当我们采纳那种视角来进行观察时，个人生命中的很多现象就会消失。与现代思想中的这一普遍趋势相反，她提倡一种"天真的"自然主义，这种观点为人类和非生物之间的区别留有余地。可见 J. Hornsby，*Simple Mindedness*（Cambridge，MA：Harvard University Press，1997），4-5。我们非常赞同这一立场，甚至也赞赏她文章题目所具有的反讽意味，其实这篇文章的内容要比她反对的惯常的科学主义更精密复杂。

［17］见 Marvin Minsky，*Computation*：*Finite and Infinite Machines*（Englewood Cliffs，N J：Prentice Hall，1967），105。

［18］见 John Haugeland，*Artificial Intelligence*：*The Very Idea*（Cambridge，MA：Bradford/MIT Press，1985），82。

［19］在 *The Republic* 的 518c-d，柏拉图谈到"转向"，一种"转变"（periagôgê）。

［20］"现实的知识是与其对象的同一"（*to d' auto estin hê kat' energeian epistêmê tôi pragmati*）。Book III，430a20；*De Anima*，431a1.

［21］亚里士多德后来说，"知识是可知物的知识，感觉是可感物的感觉"。这并不是说感觉和认知能力作为一种物质实体与对象同一，"因为石块并不存在于灵魂之中，仅仅石块的形式存在于灵魂之中"（431b22，432a1）。只有在 eidos（爱多斯，理念）中心灵和对象才走

到一起。

［22］维特根斯坦在《论确定性》的84节开始讨论这类问题，它还在剩下的文本中经常地出现。

［23］Émile Benveniste，*Problèmes de Linguistique générale*，vol. 1（Paris：Gallimard，1966），chap. 19.

第二章　挣脱这一图像

27 为了确信在维特根斯坦的意义上中介性观点是幅“图像”，并且是一幅扭曲的图像，我们当然得先行熟悉那些能够“解构”它的讨论。正像我们在第一章结尾处指出的那样，如果发生在我们文化中的这一斗争——解构就出现于其中——至少有二百年之久，那么这一驳斥的进程、新的现代接触性观点的出现就同样是由来已久了。

现在有两个基本的驳斥方向。我们在上一章说过，这一错误图像将知识理解为外部实在的（正确的）内部表象，所以第一个驳斥方向在于指明，（1）我们对于世界的把握不可能是完全表象性的；也就是说，当然会有表象，但是这并非全部，甚至不是问题的关键部分。（2）根据这一肇始于笛卡儿的主导性图像，这一内在图像存在于个体的心灵之中。恰当理解的知识不仅包含表象，还首要地寄留于个体心灵之内。这些心灵可以彼此沟通，因而会出现某些形式的社会性集聚，比如图书馆、百科全书、互联网站等，但是这些共享的知识最终
28 说来仍是个体认知活动的一部分。从原初的输入中建构起有效知识的过程根本说来是一个独白的过程。第二个驳斥方向就指向这种独白论点，其目的在于指明，我们对世界的把握首先就是共享的，其次才会

随着我们被引导进社会性语言和文化中而传递给我们之中的每个个体。我们作为个体当然可以做些另外的增补和调整，而这些增补和调整能够影响原来的共有资源，我们中的每个人都是从外面来汲取这些共有资源的。

方向（1）中的驳斥着眼于表象的首要性；方向（2）中的攻击瞄准于**个体的**表象，独白事项的首要性。

在下面的章节中我们沿着方向（1）来展开。在某种意义上可以说，这一方向上的最初步伐可追溯到康德那里，虽然在某些关键的地方他仍然局限在中介性观点之中。黑格尔代表着另一个关键阶段。但是，直到 20 世纪上半叶，替代性方案才被充分地提出。

1

正如我们预料的那样，第一种驳斥/解构会有很多变种。其中之一就是对所予神话的攻击。所予神话认为，我们的知识建基于对前解释性材料的接受之中。这似乎使经验成了问题。我们推理、讨论、推断，然后获得对世界的理解。但是，这些理论大部分都试图保留的一种框架是，我们同时还从世界中获取知识，我们接受事物，以进行推理的东西为基础开始认识事物。在其基本结构中，中介性认识论意在抓住知识的这种双重来源：接受性带来基本的输入要素，而后推理活动将这些要素整合进科学之中。

中介性要素带来的这种界面似乎阻碍了两种来源之间的协作。那些看似合理的解决方案只会带来另一类与怀疑论和非实在论有关的问题，我们将在下文再对这类怀疑论和非实在论问题进行探讨。这些解决方案总体上会认同这样一种看法：接受性应在纯粹因果性的意义上被理解，它仅仅用以传达那些我们无法解释的后果；推理则尽其所能对这些后果做出解释。

但是，如果超出这点来看的话，关于界面的这一想法是很成问题

29 的。批判性推理活动是我们在自发性和自由的领域中做出的一种活动。但是只要知识是关于世界的知识，它就意味着要对事物的存在方式有所回应。自发性必须以某种方式与接受性结合。但是如果我们将自发性设想成一种不受限制的自由，在接触点上会撞上一个服从僵硬的后伽利略“自然法则”的世界，那么我们就很难看出自发性与接受性的结合如何能够完成。界面问题的这种矛盾本质，自然与自由之间无法解释的相互协作，乃是以这种方式看待事物的不可避免的结果。因此，关于界面——在因果领域和理由领域之间——问题的这种想法开始变得矛盾重重。在某种意义上界面必然是双重性的，既属于因果领域又属于理由领域；而这两个领域的本质则是对立的。一方面是对象，事实性事态，外部刺激在我们感官中造成的因果产物；另一方面则是确定的主张，即关于某物如此这般的主张，它能够充当接纳某些更大观点的理由。正是出于这一考虑，很多哲学家不满于（纯粹）所予神话和原生的、非解释的事实。[1]

这一问题被用到对经验的解释上，即被用到从世界接收信息的问题上。一方面，我们不得不接收这些信息，因为我们是被动的一方；另一方面，我们又必须知道如何“把握”它，因为我们是主动的一方。这两方面如何能够结合在一起呢？

这就是近代哲学传统中被近代认识论确定下来的臭名昭著的问题。在那些有名的经典哲学家那里很少能见到任何一种可取的经验理论。莱布尼茨最终直接否定了这种理论，将世界图像视为单子自身的全然呈现。休谟似乎走向了另一个极端，承认我们所有的知识都是通过经验传递给我们的——因而博得了“经验主义者”这个有名的头衔。但是，这样做的代价就是完全否定了主动性维度，由此经验的传递就成了信息的非连续性片段，那些我们平常视为不可否认的联结说到底乃是心灵的投射。在这种夸张的悲观主义中，甚至连自我都消失不见了。

30 众所周知，康德试图整合休谟和莱布尼茨。最后他洞察到了这个问题：如何协调自发性和接受性？但是他太过深陷于中介性结构之中以至于无法提出一种可信的解决方案。[2]

2

然而，20世纪最有影响力的潮流是我们称之为“元批判的”运动。[3] 正像这一名称显示的那样，元批判意在探究一阶批判理论的基础，后者则是要反思我们的日常知识主张或科学知识主张的条件，动摇我们对这些知识主张所持有的日常前批判观点，而元批判则反过来反思我们进行这种一阶批判的条件。

但是，对这些条件的研究是在一种不同的层次上进行的，中介理论传统的奠基者们至今没有勘探过这个领域——虽然康德没有忽视这点，也正是因此才使他成为一个过渡性的人物。这种研究意在探索这样一种语境：当我们想使批判事业以及我们关于如此这般的世界的经验顺利进行时，我们不得不将这种语境预设为在先给予的。使中介理论的预设有意义的关于在-世界-之中的-心灵的理解是什么？以及这一理解是否与使我们实际遭遇的经验有意义的理解相一致？

我们在第一章中已经努力给出有关第一个问题的答案，比如在我们尝试刻画笛卡儿关于在-世界-之中的-心灵的观点以便表明二元秩序的重要性时。然而现在，甚至这样的回答对于中介性路径来说都是令人不安的。因为这一回答首先是根据基础主义的意图和目的——通过向下挖掘抵达不可怀疑的纯粹所予，以便为知识寻找一个稳固的基础——来给出的，被告知说这一工作建基于一幅特殊的有关在-世界-之中的-心灵的理解图像，而最终说来这幅图像又并非是唯一的选择，这种做法就会非常具有破坏性。因为如果只有通过从关于在- 31
世界-之中的-心灵的诸多解释中选择一种来推进讨论，那么声称抵达了根基就是无效的——除非选择出来的这种解释能够反过来被牢固地奠基。

在《精神现象学》的导言中，黑格尔将这一置基础主义于自我矛盾中的争辩发挥得淋漓尽致。[4] 它所显明的正是我们在上一章中想要表达的，即基础主义只有在这样一种前提之下才能顺利前行：置身于那种维特根斯坦意义上的 Bild（图像）之中，非反思地嵌入一种看似唯一的、毋庸置疑的理解模式之中。

但是即便是在这一导言中，黑格尔关心的也不仅仅是这种实际的反驳。他想要继续探讨第二个问题：使我们关于世界的经验成为可能的条件是什么？他认为这些条件是在一系列的否定运动中得到界定的，凭借这种否定运动，每个环节中的先前理解被表明是不完备的，并由此得到修正。因而这条走向完备理解的道路被界定为一种辩证运动，并且“经验”这一概念本身的意涵也得到不断丰富，指明着这些批判性过渡运动。

我们在这里想要借鉴的是后面这种辩证的论证形式，基于此我们能够表明，在每一个运动环节，一种知识理论会违背使其有效的背景条件。黑格尔用这种讨论来反对康德，但是讽刺的是，他利用的这种讨论风格本身就是由康德开创的。

我们可以将这点确定为在寻找经验的意义建构条件时的基本要求，并且这点已经在康德的先验演绎那里被很好地发挥出来了。他初步勾画出了讨论的范围，这一讨论被后来那些不处身图像的主要“解构者”延续下来。像我们在上一章中说到的那样，这种讨论方式通过凸显那种我们据以使不处身图像中的活动具有意义的背景而打破了这种图像，由此变得清晰的是，这一背景无法适合于不处身立场规定的那种界限。一旦被理解成与其背景相冲突，这种不处身解释就会显得站不住脚。

32 康德没有像他的 20 世纪继承者那样将这种讨论发展得如此之深，不过他确实撼动了中介理论样式——至少是在一种早期变种中——的一个关键特征。先验演绎可以从多个角度得到解释，但是其中之一就是将其视为对经验主义赞同的关于输入的原子主义解释的最终废黜。因为这种解释是从休谟那里传递过来的，它看起来似乎是在表明关于实在的知识的最初阶段（不管到底是什么样的）存在于细小的片段、孤立的“印象”之中。这一信息阶段能够与后一阶段相分离，而在后一阶段，这些细小的片段被连接起来，比如在关于因果关系的信念中。我们发现是我们自己在构造这些信念，但是我们能够通过一种反思性的审视（在上一章中我们知道，这对于近代认识论而言是基础性的）将基础阶段与这些仓促得来的结论分开。据说这一分析揭示了现象领域不存在对应于必然联系那样的东西，比如我们在“原因”和“结果”之间轻易加入的那种联系。[5]

康德通过指出每一个细小的印象都预设了它能够被把握为一个潜在的信息这点，破坏了上述整个思维方式。印象必然是关于某物的。经验主义者在感觉印象和内省印象之间认识到的那种原始区分其实就是对这点的肯定。我脑袋中的嗡嗡杂音与我在附近森林中听到的噪音是不同的，因为前一种声音只是我的感觉的一个组成部分，而后一种声音则告诉我们外面发生了什么。因而，即便是一个细微的真实的“感觉”（在经验主义的意义上就是指与反思相反），也必然带有“关于”的属性。这在后面会被称为“意向性”，但是在康德的用语中指的是与某一知识对象的必然联系。“但我们发现，我们关于一切知识和它的对象的关系的思想带有某种必然性”（Wir finden aber，dass unser Gedanke von der Beziehung aller Erkenntniss auf ihren Gegenstand etwas von Notwendigkeit bei sich führe）[6]。

这点被确定后，康德指出，如果我们真把印象视为完全孤立的、相互之间没有任何联系的内容，那么上述所说的那种与对象的关系就是不可能的。将印象视为关于某物的，其实就是将其置于某个至少是 33
外部性的、在世界之中的地方，而不是在我之中的某个地方，在世界之中给它一个位置，虽然这个世界对于我而言在很多方面是不确定的和未知的，但肯定不是全部如此。能够将自身呈现为某些细小的**信息**片段的东西，都必然将世界的统一性预设为前提，因而不管这些细小的片段到底意味着什么，它们之间肯定不可能是完全无关联的。关于经验主义哲学偏爱的简单印象的背景条件阻碍我们挖掘其更深刻的意义，这种意义曾被休谟提示过。违反这一背景条件的话会陷入自相矛盾的境地。如果真能把诸单个印象之间的所有联系都取消掉，那就会失去对任何事物的任何觉见。“但这样一来，这些知觉也就不会属于任何经验，因而没有客体，不过是诸表象的盲目游戏，也就是说，还比不上一个梦。”（Diese [sc. Wahrnehmungen] würden aber alsdann auch zu keiner Erfahrung gehören，folglich ohne Objekt und nichts als ein blindes Spiel der Vorstellungen，d. i. weniger als ein Traum sein. ）[7]

《纯粹理性批判》中的先验演绎及其相关论述可被视为近代哲学中的一个转折点。从后来的发展来看，我们可以把它们当作意在刻画这样一种背景的第一次尝试：近代的不处身图像本身需要这种背景，以便使它所描述的那些操作能够被人理解。同时，这也是通过这一刻画来打破这种不处身图像的第一次尝试。一旦经历了这一转折，整个哲学格局都会改变，因为背景理解这一问题不再是隐蔽不显的了。诞生于对近代认识论中的典型程序进行本体论化的做法中的那些具体观点，其关键特征之一就是使背景理解这一问题隐而不显。可理解性条件作为内部属性存在于心灵的要素和进程之中。孤立的印象依其自身**就是**可理解的信息，正如房子是红色的或桌子是方形的那样。这些印象包揽了外部对象的全部细小孤立的存在。洛克把简单观念当作类似于我们在建造房屋时所用到的材料。[8] 但是这种观点忘记了：某物是可理解的 X 意味着它被**作为**可理解的 X，任何事物要想能够被当作某物，总是需要一定的语境条件。

34 在康德提出的原始版本中，这种革新运动清除掉了近代认识论的原子主义。从这一点来看所有后来者都是他的追随者。在某种意义上，这一拆解我们关于认知主体之认识的运动有一个内在的整体性倾向。前时被加入元素之中的东西现在被赋予了诸元素依赖的背景。

海德格尔和维特根斯坦都是这种康德式开创性观点的继承者。在《存在与时间》中，海德格尔论述到，事物首先是作为世界之中的某一部分来显明的，即是说作为因缘联络的关联项、在因缘整体性中来显明自身的。这一做法必然破坏了不处身图像的基本特征。首先，与康德一致，关于输入的原子主义被因缘整体性概念否定了。但是，它同时也破坏了近代认识论经典图像的另一个基本特征：原初的输入是中性的，只能在后面的阶段被主体赋予意义。这一特征被事物首先是作为上手（zuhanden）之物在世界中显明的这一基本论题否定了。将这种上手特征设想为是我们后来加之于中性事物之上的东西，这就犯了一个根本性错误。[9]

有些不理解的读者有时会把海德格尔在《存在与时间》中的讨论看作一些关于日常生活的有趣描述，而这与他声明要探讨的本体论哲学话题是没有什么关联的。那么，我们经常在事物与我们的活动的联系中来把事物当作工具或障碍物——这在中性信息的优先性问题上表明了什么呢？当然，我们在大多数情况下并不会将事物理解为中性客体，但是这无法说明不处身解释就是错的。我们普通的日常意识本身必须被视为一种建构的产物。我们不能犯前伽利略式的错误，即认为事物之是就是其显现之是，甚至在心灵事项中也是如此。因而，在不 35
处身观点的支持者和“现象学”的反对者那里存在着一种普遍的抗议之声。

但是，除了提醒我们在世界上以一种日常方式生活是什么样的之外，海德格尔的意图是非常明显的。其论述旨趣和康德类似，能够被用来回应我们刚才提到过的那一挑战。海德格尔的目的是想表明，将事物把握为中性客体是我们的一种可能性，这种可能性与一种上手存在在其中得以可能的在世方式之背景相对立。对事物的中性把握要求调整我们朝向它们的态度，这种态度最初必然是一种投入性态度。海德格尔像康德那样论述到，不处身立场中的对事物的举止要求在一种朝向世界的限定性的、连续的态度中取得它的可理解性，而世界和这种态度是背道而驰的，因而这种举止不可能是源始的和基础性的。正是其可能性条件阻止我们赋予这种中性化态度以一种在我们生活中的尊荣，而不处身图像则为其要求这种尊荣。

这种关于可能性条件的论述，关于可理解地意识到这一态度的条件的论述，被包含在海德格尔的用语 ursprünglich（原初的）之中。它不仅意味着“时间上的在先”，还意味着某些更深刻的东西。我们的 ursprünglich（原初的）态度在它的后来者和调整者之前到来，并作为后两者的条件而存在。它还体现在海德格尔的惯用语 zunächst und zumeist（首先和大部分情况下）中。看上去这一短语同样具有迷惑性的平常性。它被用来描述这样一种存在方式：其不仅仅是在先的、频繁的，同时还为其他存在方式提供背景。

在这里海德格尔的要点很容易被误解。说唯有我们已然生活在作为意蕴聚集之地的世界之中，以中性的不处身描述或科学的方式来理解我们的世界才是可能的，这并不等于说我们必须要用意蕴概念来界定中性描述概念，用上手之物来界定现成在手之物。

我们可以分析一下词语为我们理解的以及/或事物显现的不同方式。比如，在吉布森的用语中，事物能够将其对于我们的行动而言所具有的重要性显示为“可供性”①：这种环境将我们团团围住，那种环境则允许我们自由活动；另一种会挫败我们，而再一种又会帮助我们达成目的。或者说事物可以显现为吸引人的或令人厌恶的，令人愉
36 悦的或令人难受的，使人宽心的或引起焦虑的。这些都是事物在其意义或重要性中变得可理解的例子。

但是，事物也可以不以其重要性，而以一种中性的样式来显现，就像它们在面对一个不处身主体——它仅仅关心中性地刻画实在——时显现的那样。这种使事物成为可理解的方式对于“科学”尤其是自然科学来说是核心性的和决定性的。

在这些可理解性样式之间，可能存在一种特定的秩序。事实上，秩序可能不止一种。其中一种就是在诸样式之起源中的必然性序列。海德格尔和梅洛-庞蒂的著作已经表明，事物在其意义之中显现的

① “可供性”（affordance）是个知觉心理学术语，最早由美国心理学家詹姆斯·吉布森提出，指的是从属于知觉对象的某些属性，但是这些属性又必须是在与知觉主体的交互过程中才可被辨识的存在，它突显了知觉对象对于知觉主体的目的和意图所具有的意义性。——译者注

"处身"样式必然先行于不处身样式。比如，研习个体发生学的学生都知道，幼儿刚开始学习说话时只能在相关事物对他们来说具有情感意义的语境中才能习得新概念。[10] 对于自闭症儿童来说，共享的情绪反应语境很难建立，和正常的儿童比起来他们更难将概念普遍化，因而在时间上也要比正常儿童晚一些。儿童在其中首次学会他们的语言的那种仪式是交流的时刻，是具有共同关注的时刻，此时，他们被共同关注之物强烈地卷挟，如果缺少这个东西他们就无法活跃起来。

同样，在学会有关质量单位的语言之前，儿童是以手掂轻重的方式来学会判别重量的。

然而明显的是，这种可理解性的必然性秩序与逻辑依赖性无关，后者说的是对一个概念的把握需要另一个概念来协助。如果对婚姻制度毫无了解，我们是无法理解"单身汉"的意义的，在对价格在我们生活中的作用毫无了解的情况下我们也是无法理解"通胀"的。因此，处身样式必然先于不处身样式，在个体发生学上讲这是一个必然序列，因为除非经过前一阶段否则你是无法到达后一阶段的，这一事实与把握不处身的科学语言所需要的逻辑条件无关。与单身汉和婚 37
姻、通胀和价格之间的关系不同，诸如"重 10 千克"这样的表达并不以同样的方式关联于作为其可理解性条件的"太重了"这一表达。

海德格尔和梅洛-庞蒂不仅表明，处身态度在源始上不可避免地先于不处身态度，他们还表明了处身态度是我们生活中必不可少的部分。我们从来没有"出离"这种使事物显现的方式，它在我们的日常在世和打交道中是不可避免的。当我们在城市中驾驶时，我们看到我们可以驱车驶入那辆慢车的右边，并且能够在越来越接近的卡车撞到我们之前做出超车；这里的空间方位是在其"可供性"中被把握的。借助上面提到的海德格尔术语，处身样式是我们 zunächst und zumeist——我们可以称之为"首先和大部分情况下"——置身其中的那一种，但是它的可供性并不是那种使不处身的科学的语言成为可理解的东西的一部分。

现在让我们回到康德的开创性论点在 20 世纪的重兴，维特根斯坦在《哲学研究》中的探讨方式甚至可以说与康德的想法更为一致。从某种意义上说，他对意义的原子主义所做的事情其实就是康德对信息输入的原子主义所做的事情。他的批判对象是一种语言理论和意义理论，他发现尽管这种理论的典范存在于奥古斯丁那里，但是它同时还在持有不处身观点的思想家那里获得了认可和发展。意义的原子主义指的是，在“命名”或“意指”活动中，词语被与对象联系起来而获得意义。这种观点不仅与后笛卡儿认识论的输入原子主义类似，而且在其关于心灵事项的经典论述中两者还交织在了一起。洛克论述说，一个词语不是通过直接意指客体而获得意义，而是通过意指心灵中表象客体的观念而获得意义的。[11] 对奥古斯丁理论的这一修改打开了这样一种可能性：因为不同的内部观念在每个人的心中都能够符合于某些公共的被命名的客体，因而每个人都能够说一种不同的语言。一种非常私人的语言，即其中的词语对于我而言所意味的事物是别人无法知道的，现在看起来成了一种非常大的可能性，一种怀疑论的威胁不容易被提出来。维特根斯坦的大量论述主要就是用来反对这种理论的“现代”形态的。

38 康德阐释了输入原子主义不能成立，出于同样的理由，意义原子主义被表明也是无法成立的。它的支持者认为，词语能够在某些命名仪式中获得意义，或者是其意义能够通过指向其命名的物体而被传授。维特根斯坦《哲学研究》中的大部分内容在于说明，这种“指物定义”能够顺利进行的条件是学习者已经对语言的运转熟悉颇多，并且知晓这一特殊词汇在整个语言运转中的位置。语言中相关部分的“语法”已经预先存在，因为它“指示出这个新词所驻的岗位”（zeigt den Posten an，an den das neue Wort gestellt wird）[12]。命名某物看上去是一个初始性的自足的活动，但是如果人们这么想，那么“他们忘了：语言中已经准备好了很多东西，以便使单纯命名具有一种意义”（so vergisst man，dass schon viel in der Sprache vorbereitet sein muss，damit das blosse Benennen einen Sinn hat）[13]。

在这最后一段话里，维特根斯坦明确讨论了可理解性条件。词语的意义就存在于其与命名对象之间的关系中，概念就其本质而言是原子式的，这些想法现在站不住脚了，因为每一个这样的关系都要依赖一种背景理解才能成立，如果没有这种背景理解这样的关系就毫无意义。但是这种理解关注的不是每个具体的词语，而是词语在其中运转的语言游戏，最终说来关注的是诸语言游戏在其中顺利展开的整个生活形式。奥古斯丁的语言理论确实接近我们对语言的一些典型理解。但是一旦我们认识到这样的理解的可理解性条件，我们就会被迫放弃继续将其视为通常的语言理解的典范。这种理论产生于一种特殊的活动之中，这种活动将背景理解固定到单独的词-物关系之中，并同时使这种关系成为自足的。突破的可能性在于：我们能够看到这些关系需要背景，并且我们能够在其全部的丰富多样性中来勘探这一背景。

这种理论认为，只有当我们学习语言时才会获得的那种整个的背景理解已然被固定进了我们要学的、第一位的词-物关系之中。这就是当我们学习**第二**语言时所处的境况。我们已经知道一个词语在整个语言中具有一个位置意味着什么，并且一般都能感觉到别人试图教会 *39*
我们的词语应该摆在什么地方。认为这种背景性条件存在于我们对初始语言的掌握之中的做法是错误的。“现在我们可以说：奥古斯丁所描述的学习人类语言的过程，仿佛是那个孩子来到了一个异族的地方而不懂当地的语言，似乎他已经有了一种语言，只不过不是这一种罢了。”（Und nun können wir … sagen：Augustinus beschreibe das Lernen der menschlichen Sprache so，als käme das Kind in ein fremdes Land und verstehe die Sprache des Landes nicht；das heisst：so als habe es bereits eine Sprache，nur nicht diese.）[14]

近来，罗伯特·布兰顿借鉴了这些不同的整体论方案，并将它们与弗雷格传统关联起来，重构出一种影响深远的认识论和语言哲学。

布兰顿建议我们应该放弃以**表象**为核心的理论，接纳一种以**推论**为核心的理论。表象理论遵循的是我们已经刻画过的那种中介传统的典型路径。这些理论认为我们能够辨识出具体的表象事态，进而依此把握细微内容，通过对这些内容的整合而最终获得关于事物的全面认识。与此相反，以推论为核心的理论则预设了一种特殊的整体论。对一条新信息的获得会激活新的推论，因为它进入和改造的是一个已然运作着的对事物的全面把握。当我知道公园中溜出一只老虎时，我就同时也知道了：我最好不要去那里；梅布尔姑妈从理发师那里回来的路上有可能会被老虎吓到或发生更糟糕的事；动物园管理方要比我以前认为的更不称职；在下次选举中市长必须被赶下台，因为是他将自己愚蠢且不负责任的内弟任命为动物园理事会的主席；等等。

换句话说，自始至终就不存在完全孤立的、无推论连接的信息片段。[15]

3

40 这些解构中介主义的主要运动以清晰刻画经验的意义建构条件为方向，在20世纪爆发出来。正是在此过程中，中介性图像开始变得不靠谱，与此同时一种替代性的接触理论逐渐成熟。对于这种替代性观点来说一种特定的整体论是本质性的。从这种替代性理论的立场来看，中介性图像的基本轮廓变得清晰可见，而统合其他非常不同的中介性观点的原则也变得明确起来。

但是对于那些依然陷在中介性观点之中的人来说，所有这一切还远不够清楚明白。他们经常自认为已经拒斥并驳倒了早期的笛卡儿式认识论或经验主义认识论，并且当自己被认为是笛卡儿的继承者时会深感震惊和痛苦。因此，关于哪一方真的驳倒了古典认识论的争论爆发出来。从一边来看，理查德·罗蒂和唐纳德·戴维森等人声称已经成功地做出了这一反驳，但是他们却会被后黑格尔方向的解构运动视为仍然局限于中介主义传统之中。从另一边来看，这些解构者看上去同样局限在传统窠臼之中，因为他们仍然在提出关于经验之条件的问题，而不是将其视为无用的、误导性的问题加以抛弃。[16]

比如，在当代哲学界，罗蒂享有一种非常突出的地位。他经常被描述为“反实在论者”“相对主义者”“主观主义者”。但是罗蒂本人是反对这些标签的。他想要表达的毋宁说是：我们应该远离那些据说已经变得无用的哲学二元论；我们应该学会消除它们，它们对我们的思想来说毫无用处。罗蒂借用洛克的术语，多少有些过分谦虚地将自己称为“小工”，认为自己的工作在于“清理和处理这些有想象力的先驱者（比如弗雷格和密尔、罗素和海德格尔、杜威和哈贝马斯、戴维森和德里达）视为垃圾的东西”[17]。

然而现在，作为海德格尔和梅洛-庞蒂的追随者，我们发现罗蒂 41
的这些想法是无法让人接受的。事实上，罗蒂和查尔斯·泰勒已经就这些问题反复争论过很久了。在这些争论中一以贯之的一点是，争论双方都各自认为自己已经摆脱了笛卡儿式的表象认识论，并指责对方仍然局限在这种认识论之中。对于罗蒂而言，我们得以逃离“坍塌的认识论大厦——在其废墟之下我们的很多同事仍在漫无目的地四处奔走”[18]，主要是通过摆脱那些诸如图式-内容切入方式、与实在符合等传统的区分和问题而实现的。但是我们认为，这些区分和问题应该被重新理解。罗蒂是个最小主义者：如果我们重新思考那些罗蒂喜欢热讽的大问题，比如心灵与世界的关系、思想如何与实在关联等，他认为我们最好的做法就是忘记整个问题。我们则是最大主义者：我们认为我们的同事应该保留这些问题，但他们亟须重铸他们从认识论传统那里继承下来的有关这些大问题的歪曲理解。

我们的理由是：我们不可能简单地走出这些影响深远的、未被完全说明的、被视为理所当然的图像，它们已经嵌入我们的文化之中并约束着我们的思想和活动。只有当你辨识出它们，并知道它们哪里出了问题，即便这不是件易事，你才能克服它们。仅仅声称抛弃了它们，而不去思考它们，就像戴维森和罗蒂做的那样，这种做法的后果肯定是仍受它们的制约。

如何推进这一争论呢？如何表明中介图像是持存至今而又缺陷重重的呢？一种可能的途径就是从双方共同认可的基础出发，考察关于它的最好的理解方式。现在，我们无疑都承认由笛卡儿肇始的基础主义事业是误入歧途的。事实上，反基础主义似乎是我们这个时代的大众智慧。几乎每个人看上去都会承认笛卡儿从不可否认的建筑材料那里构建确定的知识大厦的宏伟工作是走错了方向。从奎因到海德格尔，还有很多后现代主义者，他们中的每个人都会认同这一结论。

然而这种宽泛的一致性下面隐藏着很多分歧性的见解。事实上存42 在不止一种反基础主义论述；不同的途径开始于非常不同的基本观念，并产生相当不同的结论以及人类学和政治学后果。再者，构想一般反基础主义论题的不同方式也会导致见解上的很多重要差异。根据他们各自对反基础主义的理解，每一方都会指责另一方严重缺乏对共同点的理解。

但是到底这个共同点是什么呢？在我们看来，笛卡儿-洛克式的基础主义是有问题的，因为它认为只有从已有的要素（不管其他东西是不是真实的，我**确信**的是：红色、这里、现在）出发前进到对整个体系的奠基才能获得确定性，但是我们表明过，你无法以这种方式将要素独立出来。一种特定的整体论出现了。但是需要注意的是，整体论在实际操作中就像美国 31 冰激凌一样会有很多种形式，这里提到的这种整体论**不是**奎因-戴维森式的整体论，它首先是一种关于证实的整体论，反映出某一具体领域的命题或主张不能单独被证实。它只是一种衍生的意义整体论，因为在被观察者的话语中意义的属性等同于主张，这些主张与大部分其他主张一样，是不能被单独证实的，只能包装在其他主张之中。

换句话说，奎因式的整体论在接受关于输入原子主义的古典笛卡儿式经验主义准则后仍可正常运作。而戴维森的理论与此基本相同。当我学习他人的语言——发展一种“意义理论”来理解他人的话语——时，我只能整体性地来这样做。要想知道“gavagai”这一特殊发音在他人的语言中实际上代表的是“兔子”，我就必须将关于他人话语意义的另外一些主张以及他的意图和信念接纳为真，并且所有这些必须能够共同起作用以使他的活动和言谈具有意义。试想一下：

他明确地喊出“blook gavagai”，同时指着正奔向森林的一只兔子。在这种情况中，我们将“blook”设想为“抓住”，同时设想他非常饥饿，喜欢吃兔肉，需要我的帮助来抓住这只兔子当午餐，等等，如此一来，我们就有很好的理由相信他所使用的这个别人没有听过的新词“gavagai”实际上指的是“兔子”。

但是如果设想这个人从来不吃兔子，他也不饥饿，他还是一个祭司，兔子奔向的那片森林是一块神圣之地，所有带毛的小型哺乳动物的进入都会被视为“不洁的”，那么在这种情况下激动的喊叫就不再是关于美味的事物了，而是关于这只动物的涉足对这片森林的亵渎。由此，“gavagai”就不能翻译为我们语言中的“兔子”，而有可能指 43
的是“不洁的野兽”或“小型的带毛哺乳动物”。

这里我们遇见的是奎因类型的整体论，应用于这一特殊的激进解释事件。根据这一理论，我们无法单独地确证一个个别的意义等价物，只能在由目标语言的其他预设和说话者的信念、意图组成的整体语境中才能做到这点。类似地，当交流出现问题时，当我们认为我们对某个要求的回应产生了愤怒而非满意时，总是不止一种现成的猜测需要被调整以便更好地理解我们的对话者。按照第一种猜测即他是饥饿的来行动，我追赶那只兔子并扑向它，抓住它，但是仍然和它一起滑进了那片森林。令我懊恼的是，我的帮助换来的却是恐惧和惊慌。在困惑中我怀疑他是否不想让我抓住其他东西。要想知道这时到底发生了什么确实需要费一番周折。然而，现在明了的是这种（非常有效和重要的）整体论论题预设了一种输入原子主义，即它告诉我为什么我必须把一些事实和猜测关联起来，而这些事实和猜测是能够被各自独立地加以辨认的（虽然不能被各自独立地加以证实）。这个人兴奋地喊出“blook gavagai”，有只兔子正穿过一块空地，他指向兔子的方向，这些信息与我在上面提到过的那些猜测——这个人有吃兔肉的习惯，距早餐进食已有很长一段时间了，等等——结合起来。考虑到所有这些因素，戴维森告诉我们它们是如何被结合起来以便对这一说话者产生一种有效的意义理论（也就是说，根据宽容原则：将他的语句一般都认为是真的，将他的思考一般都认为是理性的)。但是，这些因素本身是被给予的。这就是我们在说有关证实的整体论时意指的东西。

现在我们在这里要援引的整体论更加彻底。我们可以称之为“格式塔整体论”。关于格式塔经常被提及的一点就是它们不能被简单地视为部分的组合。换句话说，格式塔整体包含的意义元素不能被独立地加以辨认，只能在与整体的关系中才能被辨识出来。这一高音是我们展开着的叙事的高潮，但是其作为高潮并不存在于单纯的音符之中，同样的音符在另一种叙事中会有完全不同的效价。我们这里的整体论完全削弱了输入原子主义。诸元素只有在与整体的联系和相互之
44 间的联系中才是其所是。并不是说被独立地加以辨识的元素不得不以一种特殊的方式结合起来以便产生真理，而是说这样的独立的辨识根本就不可能。

我们会发现，在讨论格式塔整体论的过程中，我们使用了诸如“意义”和“效价”这样的术语。格式塔是充满意义的整体。这使我们回到了那种属于前面描述过的康德运动以降的传统的整体论。这些整体论意在拒斥原子主义，首先，是因为任何所予元素的本质都是由其“意义”(Sinn，sens)来确定的，它必须被放在一个更大的整体之中才能得到界定；其次，更是因为这一更大的整体本身并不仅仅是这些元素的简单聚合。[19]

第二点稍微明确一些：在基础主义的知识重构中扮演着重要角色的“元素”其实是一些明确的信息(红色，这里，现在，或“有只兔子”[“gavagai”])。但是使它们具有意义的整体是“世界”，一个由社会实践决定的共享的理解所在的场所。我注意到了那只兔子，是因为我能够在森林及其前面开阔的场地这一静态背景中将兔子辨识出来。如果不熟悉那里的环境，根本就没有看到兔子的可能。如果兔子窜出来的整个过程是不确定的，比如说当我快晕倒时所感受到的那种天旋地转，那么就不会出现这种明确的信息片段。然而，对这一场所的熟悉感与我拥有额外的明确的信息片段无关——也就是说，尽管其

他的信息片段确实可以发挥作用，但是熟悉感不可能仅仅源于此。它是我的交道能力——我作为具身性存在者在这一文化中逐渐长大而获得的一种东西——的一种练习。

因而，在反基础主义者中间某种形式的“整体论”成为一个被普遍承认的东西。但是，当我们中的每个人想要讲清楚接下来的事情时，或是想进一步说明这一整体论背景的本质时，所有的麻烦就出现了。在一个人看来是显而易见的东西对另一个人来说可能就是完全不 45
能认同的东西。

我们的论述还涵盖着下面这样的内容。我们的交道能力包含关于我们自身和我们的世界的全面意义，这种意义包含一系列相当不同的能力，同时也被后者所携带：一边是我们持有的信念，它们可能在也可能不在“我们的心灵之中”；另一边则是四处活动和明智地处理事情的能力。理智主义想让我们将这两端视为非常不同的东西，而当前的哲学已经表明它们之间是多么地接近以及两者之间是如何相互连接的。

海德格尔教导我们要把四处活动的能力视为一种对世界的“理解”。并且事实上，要想明确区分这种对事物的含蓄把握和那些系统的、明确的理解是不可能的。不仅边界是可移动的：得到明确规划和理解的事物能够随着实践以一种休伯特·德雷福斯和斯图亚特·德雷福斯用学习的例子向我们表明过的那种方式，被吸收进一种默会的技能之中[20]；我们对事物的把握还可以按照相反的方向移动，比如在我们想要清楚表达刚才经历过的事情时就是如此。同时，对我们处境的任何具体理解都混合了明确的知识和默会的技能。

我被告知一只老虎从当地动物园逃走了。当我走过我家后面的树林时，路深幽暗处对我而言显得格外不同，它们呈现出一种新的效力，我的周围环境现在被新的气氛笼罩，可能的攻击方位在其中具有突出的位置。由于这一新的信息片段，我对这一环境的感觉也呈现出一种新的形态。

因而，特殊事物在其中得到理解、信息片段被纳入其中的这个整体，就是我们的世界，它被携带在多种媒介之中：系统化的思想，还有那些从来不成问题的东西，它们被当作系统化的思想在其中获得意义的框架（比如事物的那些从来不成问题的整体形状，它使我们甚至都不能够做出第一章提到的那些奇妙构想，比如世界开始于五分钟
46 前，或世界在我的门外突然停止），以及在各种交道能力中隐含的理解。就像在我们文化里的多媒体世界中那样，尽管我们对事物的某些把握显然适合于一种媒介而非其他（对韦伯的资本主义理论的认识，学会骑自行车），但是事实上媒介之间的界限是非常模糊的，并且很多关键性的理解都是多媒介事件，就像当我散步穿过可能会有老虎出没的树林时一样。此外，由于占主导地位的整体论的作用，我的每个理解片段都援引着整体，并且以这种间接的方式成为多媒介的理解。

也许我们在这里谈论的事情仍然是所有反基础主义者都会同意的事情。但是我们很快就会深入进一步的推论之中，正是在那里，我们开始分道扬镳。比如，对我们而言，这一背景图像能够真正排除掉我们一直称之为把握世界的表象图像或中介图像。对于坚持内外区分的中介性观点来说，我们能够将我们对世界的把握理解为某种原则上区别于被把握之物的东西。

很明显，这一区分对于我们一直想要反转和解构的原始的笛卡儿目标来说是核心性的。一方面，在心灵之中有假定的信息片段——观念、印象、感觉材料；另一方面，这些信息又声称使我们知道了一个“外部世界”。像我们看到的那样，这一二元论稍后可以采取更精明的方式。就像我们在奎因那里看到的一样，随着语言学转向，表象可以被重新构想为语句而非“观念”。或者像在康德那里一样，这一二元论本身可以得到根本性的概念重建，它不再以蓝本与摹本的方式得到界定，而是按照形式与内容、架构与填充的模型来界定。

不管在何种形式中，中介理论都会设置某种与外在事物区分开的、内在的、在认识活动中由我们自身提供出来的东西。因而这些理论也可以被称为“内在/外在的”解释（简写为 I/O）。

由此，一并到来的还有怀疑论问题的持续或交替：这个世界也许

并不与表象一致？或者：也许我们会遇到其模型与我们的完全不同的人，因而我们和他们之间无法建立任何关于真理的共同标准？这成为我们这个时代大多数浅薄的相对主义的基础。

但是，一种关于我们对事物的完整的多媒介把握的反思应该一劳永逸地终止这种二元论。如果我们只关注明确的信念的媒介，那么这一区分看上去就是可信的。我能够持有关于月亮的信念，即便 47
现在看不到月亮——或者甚至它不存在，它实际上是个虚构之物——我也能够在我当下的思维活动中将这一信念现实化。但是，包含在我的活动和操作事物的能力中的对事物的把握不能按照上面的方式来拆解。因为与月亮的信念不同，这种能力在运作对象不在场的情况下是无法现实化的。我扔棒球的能力在没有棒球的情况下是无法实现出来的。我在城市和房屋中四处走动的能力只有当我真的在城市和房屋中四处走动时才能实现出来。我们可能会被引向这样一种反驳上去：虽然这种能力不像我的理论信念那样存在于心灵之中，但是却存在于我的整个身体所拥有的活动能力之中。但是这种做法低估了嵌入性。这里的核心是在-这个-环境-之中-活动的能力，它不仅仅存在于我的身体之中，还存在于正在-街道-上-散步的-身体之中。类似地，我迷人或吸引人的能力也不存在于我的身体和声音之中，而是存在于与-对话者-交流-中的-身体和声音之中。

梅洛-庞蒂用一个熟练的足球运动员作为范例来解释具身行动者是如何面对其处境的。“对活动中的球员来说，足球场……遍布着各种力线（如‘边线’，那些限定‘罚球区’的线），由众多区域关联而成（如竞争双方之间的那些‘漏洞’）：这些区域要求特定的活动方式，它们似乎在球员不知情的情况下推动和引导着这种活动。场地对于球员来说并不是给定的，而只是呈现为他的各种实践意向的内在界限；球员与球场融为一体，比如他感受‘目标’的方位，就如同感受他自己的身体的垂直位与水平位一样直接。”[21]

接着，梅洛-庞蒂对我们直接接触所处理之物的方式给出了一个一般的解释。在所有这样的情况中，我们的任何操作其实都是一种熟练活动的稳定发挥，以回应我们对处境的意识。这种发挥包含着一种对操作进行顺利与否的意识。当人们意识到偏离了某种最佳的身体-环境格式塔时，他的活动就会自动调整以便将其带到能够减轻这
48 一“紧张”的最佳身体-环境关系的近处。但是那种最后的格式塔并不需要被表象在主体的大脑或心灵之中。他只是简单地被引导着做出一种回应，这种回应能够减少他的紧张感或不适感。正如梅洛-庞蒂说的那样，“我们的身体并非是‘我思’的对象，它是被经历着的趋于均衡的诸意义的一个聚合”[22]。因此，熟练的操作并不需要任何对**目标**的表象，它能够在行动者不专门考虑**目的**的情况下本身就是**意图性的**。根据梅洛-庞蒂，“移动身体是为了通过身体来达到事物；它能够使人们对事物的召唤做出回应，这些回应的做出并不依赖于任何表象”[23]。

为了区分这种非中介的、基于身体的意向性和表象的意向性，梅洛-庞蒂将身体对于变动的处境的回应称为**运动意向性**。[24] 运动意向性比表象意向性更基本，前者使后者得以可能。为了看清这点并理解何以如此，将梅洛-庞蒂和约翰·塞尔的行动理论比较一下能有所启发。

塞尔主张，一个身体性运动能够成为一个行动在于它必须是由行动中的意向——一种关于行动的满足性条件的命题表象——引起的。塞尔推测，在所有的行为中，行动者必须能够先行识别什么是成功，并且对目的的这一表象和行动是分开的。也就是说，我可能在现实中无法实现我的目的，但是这并不影响我**在内心之中**有达到它的意向。这里我们再次遇到了 I/O 区分，这次是在行动领域。

然而，如果我们返回到投入性的操作活动这一现象，我们会发现，尽管塞尔正确地描述了在努力达成目标的考虑中的意向性，但是投入的操作活动并不要求行动者的活动必须由一种对其成功条件的表象来管束。相反，正如我们刚刚看到的那样，行动者对处境之要求的投入性回应必须降低那种紧张感，而这又是在他并没有提前考虑该如

何恢复平衡以及不知道这样做后会出现何种结果的情况下完成的。因此，除了塞尔提到的成功的条件外，现象学家还倾向于提出改善的条 49
件。塞尔的 I/O 图像阻止他看到运动意向性对现实中**改善的条件**是直接敏感的，因而它不需要表象活动的**满足条件**。

为了解释日常技能涉及并非由行动中的意向引起的活动这一事实，塞尔提出了潜力的背景、能力的背景等诸如此类的东西。尽管塞尔意识到在解释熟练的操作活动时必须考虑行动中的表象意向，这点使他与纯粹的表象主义者区别开，但是最终说来这并没有使他摆脱掉 I/O 图像。他坚持认为投入的操作活动本身不是一种意向性，而是“意向性已经提升到了背景能力的层面”[25]。这种说法表明，在行动中行动者必须在心中（或至少是能够在心中）知道他要做的事情，并且实现该行动所需要的其他事情必须被理解为能带来辅助性运动的非表象的背景潜力，这种辅助性运动本身是没有满足条件的。这正是表象主义者的典型特征。当被考察的现象无法通过精神表象来解释时，在现在的这种情况中就是无法通过行动中的意向来解释时，剩下的选择可能就是这样一种情况了：在熟练的行动中运作的所有事情都不可能是有意义的，因而必然是无意义的、机械的原因所引起的效果。

但是这一分析留给我们一个新的问题。如果一个行动中的每个运动本身不具有满足条件，那么它就不应该有意向性，但是像塞尔指出的那样，每一个辅助性运动是被意向地来完成的。塞尔的解释是，一个行动中的每个辅助性运动之所以是意向的，是因为它们都或多或少是由行动中的相关意向引起的。就像他指出的：“意向性向下直达自发性行动的最底层。因而，比如说，熟练的滑雪者在滑下山时有其意向性。但每个辅助性运动也都是一个意向的运动。每个运动都被滑下去的意向性管束着。”[26]

但是他这里提到的“向下直达”和“管束”仍然让人完全无法理解。

然而，一旦我们集中关注熟练的活动这一现象就会清楚地发现， 50

行动中的意向无须向下直达和直接管束滑行。不是关于行动的成功条件的表象直接管束行动者的辅助性运动，而是一种对改善的条件的意识在行动者感到有必要缓解当前的紧张时发挥着作用。因而行动中的意向仅仅是个契机，它触生了更加基本的运动意向性，正是在这种意向性之中，身体被激发着直接对处境做出回应。

因而，顺利进展着的操作活动为所有的目的-定向活动提供基础。另外，运动意向性不能以物理原因的方式来解释，因为它包含着一种对被要求去做应做之事的意识。同时它也不能被理解为精神因果性的产物，就像一个行动中的意向引起一个身体性的运动那样，主要是因为它被先行预设以便用来解释一个精神表象，在现在的情况中就是行动中的意向，能够间接地作用于身体从而使其运动的方式。简言之，运动意向性使表象意向性得以可能。

与物共存包含一种特定的理解（我们也可以称之为“前理解”）。也就是说，事物是在其对于我们的意图、愿望、活动的意义或相关性中来和我们照面的。在我循路上山时，我完全沉入对在终点处要开始的那场艰难谈话的想象之中，此时我会将该地形的不同特征视为障碍、支撑、空地或邀请，更小心地对待或大步奔跑，等等。甚至当我没有考虑它们时这些事物也对我具有那些相关性；在它们之间我知道如何迈步前进。

这是非概念的，换句话说，语言在这里没有直接起作用。通过语言，我们（人类）能够聚焦事物，将 X **作为** X 挑选出来；我们将其选出来作为某个能（恰当地）符合“X”这种描述的东西，并且这还将我们的辨识置于一个可被进一步探讨的境地（它真的是一个 X 吗？X 所属的这个词汇对于这个领域/意图来说是合适的吗？等等）。某些时候，由于某些故障或内在兴趣，我会去关注这种攀行技能的某些方面。我可能会开始将事物分类为“障碍物”或“便利物”，这会改变我在世界上生活的方式。但是在各种方式中，我并不需要先把这些做完就能在世界上生活并与其打交道。

51 日常操作活动不是概念性的，但是尽管如此，也不能仅仅用僵死

的因果性模式来理解它。可以从两个方面来理解这点。最高限度地讲，它反对比如说认知主义的一种常见期望，即有朝一日能够以形式符号表象的方式准确地给出一种关于经验的还原解释。在 20 世纪 80 年代，一种不依赖模型的非表象的机器-学习算法被提出来，这就是被称为 Actor-Critic 的时间差强化学习法，它被证明能够以专家级的水平来学会玩双陆棋。根据这些成功，神经解释理论近来得到巨大发展，开始用神经方面的术语来解释操作活动，并证明大脑何以能够在不诉诸表象的前提下指导我们的行为。[27] 这能够表明现象学家和神经科学家在坚持对处境化的熟练操作活动做一种非精神性解释的方向上走到了一起。这种对熟练操作活动之大脑基础的不依赖模型的解释与我们有关熟练行动的接触现象学不谋而合，并极大地支持了我们的理论。在任何情况中，当没有这种有希望的但却殊难达到的机械论解释时，我们使动物的和我们自己的前概念事项有意义的唯一方式就是借助前理解那样的东西。也就是说，我们不得不承认，世界以相关性的方式影响着这些事项；或者说是我们把动物和我们自己看作主动性的。

正如我们刚提示过的，我们会发现这种能力必然会延伸至动物那里。但是在我们人类这里，理由会更强一点。当我们关注与世界打交道过程的某些特征并将其表达出来时，它并不像是一个对某些未知事 52
实的发现，比如街道拐弯处街景的变化，或者被告知我们的所作所为有一些复杂的专业名称（茹尔丹夫妇的日常语言就是散文[28]）。当我最终承认在某次谈话中使我感到不安的是我的嫉妒情绪时，我会认识到在某种意义上讲我之前并不是对此完全没有意识。我知道它但却是以非专题认识的方式。在知道和完全不知道之间它有一个居中的位置。它是一种原知识，一种方便概念性改造的环境，即便同时还会带来一定的阻力。

我们在上面征用了海德格尔以及梅洛-庞蒂的思想。我们会发现，他们两人都坚持认为我们的概念性思维是“嵌入”在日常操作活动之中的。姑且可以从两点来把握这一图像的要义。第一点是，操作活动是首先和大部分情况下（zunächst und zumeist）的。我们一开始就是作为操作者的幼儿存在的，后来才被引导进语言之中。并且甚至对于成人而言，我们生活中的大部分内容也是操作活动。情况不可能不是如此。为了集中思考某物，我们不得不保持来回走动——就像我边走边想着那场艰难的谈话一样，或者就像工作人员在苦苦思考理论问题（或午餐吃什么）时会在实验室中来回踱步，时而拿起蒸馏瓶那样。

但是第二点更深刻，它指的是通常用“背景”一词表达的东西。在我们的生活中，大量的操作活动对于偶尔出现的概念性关注来说是一种必不可少的支持，这不仅仅是在基础设施的意义上如此，即我们的想法必须见诸图书馆或实验室等具体设备及对设备的操作，更根本的是，我们用以使从事的某些思维活动具有意义的背景理解就存在于我们的日常操作活动之中。我沿着这条路走，进到这个地方后发现：麒麟草长出来了。这是对世界的一个细节性把握，在 I/O 图像那里世界往往被理解为基本的边界；除了面临基础主义的压力外，它们有时还会被迫分解得更加基本——黄色 这里 现在——仅作为一个后来的推论才被构建成麒麟草。古典认识论的错误之一就是以这种把握方
53 式来看待我们的知识材料。我们从这样的材料中一点点地将知识构建出来，因而不得不相信基础主义。

正如我们上面讨论过的那样，将康德视为（艰难地）克服 I/O 图像——虽然他同时还制造了一种独特的 I/O 版本——的关键人物的理由是他破坏了这一图像。我们不可能根据诸如“麒麟草长出来了”或“黄色 这里 现在”这样的知觉内容来构建我们关于世界的知识，因为除非它已经被安置于世界之中，否则没有什么东西能够是这样的知觉内容。最低限度地讲，如果缺乏这样一种周围意义：我自身作为知觉着的行动者，在黄色片段构成其特征的周围环境中活动，那么就不会有任何**知觉内容**。如果我们想把所有这些定位都去除掉，那么我们得到的就是一种不可思议的经验，“还比不上一个梦”[29]，就像康德指出的那样。如果不在意它到底是在外部世界

的某处还是仅仅在我的头脑之中，单纯地经验黄色会是什么样的呢？肯定是一个非常分离的经验，对于世界观的构建来说不是一个很有价值的选择。

因此，我们对世界的理解从一开始就是整体性的，并且是那种不同于奎因式的整体性。不存在诸如单独的、孤立的知觉内容。某物只有在一个更大的语境中才有可能被视作这样的东西，这个语境是得到理解的、被认为理所当然的，然而在大多数情况中是不被专题性关注的。并且，即便被关注也不可能是全部都被关注，不仅因为它是高度分叉的，还因为它并不包含一定数量的构件。我们可以通过思考如下问题来将这点阐明：被视为理所当然的背景在特殊环境中不起作用的方式的数量是不可限定的。

维特根斯坦在《哲学研究》和《论确定性》中非常喜欢引用这种不可限定的背景来当作讨论的策略。比如，像我们之前提示过的那样，他认为理解一个指物定义并不仅仅是一项调整边边角角的工作，而是必须要有一个整体性的关于被讨论之物是哪种事物（形状或颜色如何）、指物定义是一种教授意义的途径等方面的周围理解。在我们的一般研究中，我们会将一个持存的世界预设为理所当然的——因而如果某人"发现"这个宇宙是在五分钟前才开始的，那么我们的整个活动都会受到强烈的影响。但是这并非意味着存在一个明确的范围，其中的事物是我们要排除掉的，包括世界在五分钟前才开始这种事情。

现在，这一无限延展着的背景理解通过我们的日常操作活动得以 54
延续和改进。我对麒麟草长出来了的认识要归功于一种适当的语境：比如现在时令八月，我正进入一块田地。但是我并没有专题性地关注这些，我知道我在哪儿，因为我刚从别处走到这里，我也知道现在的时节，因为我已经历了夏天，但是这些知道并不是反思性的推论，它们仅仅是我在日常操作活动中所具有的理解的一部分。我确实可以采取一种更具反思性的立场，理论性地确定麒麟草长于哪个季节以及地表的哪个地理位置，等等，就像我会用地图的方式来说明我平时散步到的地方那样。但是，这种做法不会取消反思性知识在日常操作活动中的嵌入性。除非我用这张地图来帮助我出去逛逛，否则它对于我而言就是毫无意义的，事实上这时它不再是一张地图了。理论知识必须在与日常操作活动的关联中被处境化才是知识。

因此，嵌入是不可避免的，在更强的意义上讲，所有反思性、概念性思维的练习只有在被安置到一个背景理解的语境之中时才会拥有内容，而这种背景理解是日常操作活动的基础，同时又产生于这种日常操作活动之中。

注释

［1］见 John McDowell，*Mind and World*（Cambridge，MA：Harvard University Press，1993），lecture 1。

［2］我们从塞缪尔·托迪斯的卓越著作 *Body and World*（Cambridge，MA：MIT Press，2001）中借鉴颇多，这本书来源于其早年的博士论文。

［3］这里我们借鉴了哈曼的康德评论著作 *The Metacritique of Pure Reason*，与此相关的还有赫尔德的著作 *Understanding and Experience*：*A Metacritique of the Critique of Pure Reason*。

［4］G. W. F. Hegel，Introduction，*Die Phänomenologie des Geistes*（Hamburg：Meiner Verlag，1988）. 黑格尔指出，他所攻击的主要认识论传统预设了一种在-世界-之中的-心灵的图像：要么是心灵能够通过确定的工具把握实在，要么是实在通过某种“媒介”进入心灵。

［5］David Hume，Section VII，*An Enquiry Concerning Human Understanding*. 见 *Enquiries by David Hume*，ed. L. A. Selby-Bigge（Oxford University Press，1902），60－79。

［6］Kant，*Kritik der reinen Vernunft*，A104. *Critique of Pure Reason*，trans. Norman Kemp Smith，A104（London：Macmillan，1929），134. ［中译本：康德，《纯粹理性批判》，邓晓芒译，118 页，

北京：人民出版社，2004。——译者注]

[7] Ibid.，A112. [中译本：同上书，123页。——译者注]

[8] Locke, *An Essay Concerning Human Understanding*, 2.2.2.

[9] “这种存在者的存在方式是上手状态。然而，不可把上手仅仅领会为具有某种看法的性质，好像我们把这样一种‘看问题的角度’加在当下照面的‘存在者’头上，好像一种当下就其本身而言是现成在手的世界材料以这种方式‘涂上了主观色彩’。” Heidegger, *Being and Time*, trans. John Macquarrie and Edward Robinson (Oxford: Blackwell Ltd, 1967), 101. (Die Seinsart dieses Seienden ist die Zuhandenheit. Sie darf jedoch nicht als blosser Auffassungscharakter verstanden werden, als würden dem zunächst begegnenden “Seienden” solche “Aspekte” aufgeredet, als würde ein zunächst an sich vorhandener Weltstoff in dieser Weise “subjektiv gefärbt”. Heidegger, *Sein und Zeit* [Tübingen: Niemeyer Verlag, 1967], 71.) [中译本：海德格尔，《存在与时间》，陈嘉映、王庆节译，84页，北京：三联书店，1999。——译者注]

[10] Stanley Greenspan and Stuart Shanker, *The First Idea: How Symbols, Language, and Intelligence Evolved from Our Early Primate Ancestors to Modern Humans* (Cambridge, MA: DaCapo Press, 2004).

[11] Locke, *An Essay Concerning Human Understanding*, 3.2.2.

[12] Wittgenstein, *Investigations*, 257. [中译本：《哲学研究》，140页。——译者注]

[13] Ibid. [中译本：同上书，140页。——译者注]

[14] Ibid.，32. [中译本：同上书，25页。——译者注]

[15] Robert B. Brandom, *Making It Explicit: Reasoning, Representing, and Discursive Commitment* (Cambridge, MA: Harvard University Press, 1994)，尤其见第2章；*Articulating Reasons: An Introduction to Inferentialism* (Cambridge, MA: Harvard University

Press，2000)，尤其见导论和第 1 章；*Tales of the Mighty Dead：Historical Essays in the Metaphysics of Intentionality*（Cambridge，MA：Harvard University Press，2002)。

［16］Charles Taylor 在其 *Philosophical Arguments*（Cambridge，MA：Harvard University Press，1995）的第 1 章“克服认识论”中分析过这一争论及其不一致性。

［17］Richard Rorty，*Truth and Progress*，vol. 3 of *Philosophical Papers*（Cambridge：Cambridge University Press，1998)，8. ［中译本：理查德·罗蒂，《真理与进步》，杨玉成译，8 页，北京：华夏出版社，2003。——译者注］

［18］Ibid. ［中译本此处疑漏译。——译者注］

［19］围绕戴维森著作产生的部分困惑来源于如下一种事实：他提议构造一种“意义理论”，这看上去使他的观点与格式塔整体论保持一致。但是，“意义”在这两种情况中有着不同的意涵。戴维森提议的是一种语言意义理论，在我们看来它具有非常大的“指定性”，即是说，它是通过句子与作为其真值条件的世界特征之间的联系方式来界定语言表达的意义的。但是一个格式塔整体中的意义元素之所以有 Sinn 或 sens，并非源自它们与外在于它们的东西之间的联系，而是源自它们之间的相互联系以及它们与整体之间的联系。因而，当梅洛-庞蒂解释我们的 être-au-monde（在世存在）时非常成功地运用了格式塔理论，这并非偶然。

［20］Hubert Dreyfus and Stuart Dreyfus，*Mind over Machine*（New York：Free Press，1986，paperback 2nd revised edition，1988).

［21］Maurice Merleau-Ponty，*The Structure of Behavior*，trans. Alden L. Fisher（Boston：Beacon，1967)，168－169. ［中译本：梅洛-庞蒂，《行为的结构》，杨大春、张尧均译，252 页，北京：商务印书馆，2005。——译者注］

［22］Ibid.，153. ［原作者的引文出处有问题。——译者注］

［23］Ibid.，139. ［原作者的引文出处有问题。——译者注］为了使我们确信在一个熟练的操作者达成目的的过程中他并不需要有关最后格式塔的表象，梅洛-庞蒂使用了一个关于肥皂泡的类比。肥皂泡一开始是一个无形的薄膜。肥皂水回应着局部性作用力的影响，其回应方式碰巧是那种最终使它将整个形状呈现为一种球体的方式，但是这种球体的结果在产生肥皂泡的过程中并不扮演一种因果角色。

［24］Ibid.，110.

［25］John R. Searle，"Response：The Background of Intentionality and Action"，in *John Searle and His Critics*，ed. E. Lepore and R. Van Gulick（Cambridge：Basil Blackwell，1991），293.

［26］Ibid.

［27］神经科学已经断定，程序性操作能力是由一种集中在皮质下基底神经节处的大脑区块系统产生的，后者包括皮质纹状体回路和边缘区块如杏仁体，以及两者之间的连接。边缘系统为技能的经验性强化学习提供**奖赏**信号。由边缘系统的神经模块分泌物如多巴胺来体现的奖赏其实就是身体对与世界的遭逢是如何进化或如何终结的情绪性回应。这一奖赏系统需要大脑是具身的，不能从与世界的牵连中分离出去。这一系统的前额叶皮质部分看上去会提供合适的突触，后者制造出一种前台-后台区分，这种区分对于一个有机体能够按照一个目标、一个任务、一种期待，对处境的一种意识、一个行动的倾向、一个**观点**——根据语境和研究者的不同其称呼也不同——而行动来说是必要的。见 Stuart Dreyfus，"System 0：The Overlooked Explanation of Expert Intuition"，in *Handbook of Research Methods on Intuition*，ed. M. Sinclair（Cheltenham：Edward Elgar Publishers，2014），15-27。

［28］Moliere，*Le Bourgeois Gentilbomme*（Paris：Pierre Bordas，1977）.

［29］Kant，*Kritik*，A112.

第三章　检查信念

55 与知识中介立场决裂的反基础主义和并没有与知识中介立场彻底决裂的反基础主义之间的差异看上去并不大。毕竟，双方都同意要抛弃原始的笛卡儿事业。但实际上，如果你没有与表象认识论彻底决裂，那么就会有大量的笛卡儿哲学观点被保留下来。

如果我们把这整个复杂的问题放在“实在论”和“反实在论”框架中来考察，那么我们就能看清这点。中介观点为这些问题提供意义语境，所以如果能避免这种解释框架，就像海德格尔和梅洛-庞蒂做过的那样，这些问题自然就会失去意义。或者更好的说法是，一旦意识到一种不成问题的实在论，那么就不会再有轻率的哲学“命题”了。

经常被提及的一个话题就是中介主义如何通过反作用力导向了怀疑论、相对主义以及各种形式的非实在论。一旦建立真理的基础主义努力被认为是失败的，我们就只剩下一个自我封闭的主体了，它与超越的世界缺乏接触。这很容易导致关于不可认知者（比如**物自体**）、思想的私人性（私人语言论证）或相对主义的论题。更具体地说，在
56 最后一种情况中，每个心灵从知觉之幕后面回应世界，或者在自己的

构造模型中来把握世界，这些做法无法为争论提供一个理性的仲裁。如果每个争论的参与者都被囚禁在他/她自己的图像之中，那么他们如何能够将他们的讨论建基在共同可用的元素之上呢?

从怀疑论[1] 或相对主义开始的运动，很明显也很容易会接纳某些形式的反实在论。如果这些问题无法得到理性的仲裁，那为什么还要认为它们是真实的问题？为什么要同意存在能够决定对错的事实？如果我们根本无法知道我们的语言、观念或范畴是否符合于外部实在、物自体，那么从一开始我们有何依据去谈论这一超越的实在？我们不得不否定“实在”之物，结果就是“反实在论”。

这些非实在论的关键步伐就是抹除实在和我们关于它的图像之间某些基本的常识性差异：世界本身 vs. 我们看到的世界，真实的道德正确 vs. 我们想象的道德正确，等等。讽刺的是，它否定的这些区分最初正好是由表象性理解建构起来的。

现在已经显明，在某种意义上基础主义和非实在论处于一个同样由中介理论建立起来的辩证领域之中。这些中介理论引发出这样的担忧：我们的表象可能只存在于心灵之中，与实在没有联系（甚至我们有可能受到一个邪恶天才［malin genie］的诱骗）。基础主义是回应这种担忧的一个选项，这解释了为什么在我们的科学哲学共同体中总有这样一个对各种相对主义理论或非实在论理论——顺带还有罗蒂，他被认为是这些理论的支持者——持激烈反对意见的声音存在。这是因为整个文化都受到了中介主义视角的影响，陷入与实在之物不可挽回的背离之中。但是，科学看上去却没有如此背离，因而不管是谁，只要他/她与这些理论有染，就是反科学的，支援敌人的，破坏我们的文明的，等等。

罗蒂做得正确，他不允许自己受这些保守无知的意见影响。但是，他处理它们的方式却暴露出在一些关键地方他仍然局限在同样的精神空间之中。在这里，相关的那种中介主义把“表象”当作中介元 57
素。在行为的意义上讲，“表象”指的是专门制定的或清晰的知识片段，就像在基础主义-认识论理论那里已经出现的那样。我们在第一章解释过，中介被如何构想可以有很多形式。对于笛卡儿和洛克来说这种关键元素是“观念”，细小的精神内容，它们徘徊在心灵中微小的复制对象和知识主张——这些主张只能基于对观念的推论而获得——之间的界限上。后来康德主张这种极小形式的内容本身就包含某种从属性的判断。某些理论家则试图将这些基本单元抽离出心灵，放置入物理身体之中——因而有了奎因所谓的“表面刺激”一说。[2] 但是在 20 世纪，随着语言学转向，这一基本单元已经演变成了被持以为真的句子或信念。

现在，我们将这样一批人称为“表象主义者”：他们认为我们的知识仅包含表象，并且我们的推理涉及的也是对表象的操作。用塞拉斯和麦克道威尔的话来说就是，这些人坚持认为理由空间只包含信念。换句话说，从我们的观点来看，他们没有接纳海德格尔或梅洛-庞蒂的关键主张：我们的明确信念是嵌入在我们对事物的背景性把握之中的。

（当然，人们可以将理由空间**定义**为仅仅由信念构成，当我们思考推理**活动**和信念的根源时，这有一定道理。但是这一狭隘定义排除了我们在知觉中**形成**信念的可能，我们马上会在下面讨论这点。如果将知觉简单地置于**因果**空间之中，那么这种做法就是个巨大的错误，因为它为我们所有的关于世界的推理活动提供了本质性的支撑。）

所以在这种意义上，与戴维森一样，罗蒂仍然是一个表象主义者。例如戴维森说：“融贯论仅仅在于主张，持有一个信念的理由只能是另一种信念。”[3] 并且明确表示他支持的就是这种意义上的融贯
58 论，尽管他还声明说这种理论与符合论的真理是相容的。在同一个段落，戴维森赞许性地引用罗蒂的话：“除非参照我们已经接受了的东西，都不能被看作一种证明，以及说没办法越过我们的信念和我们的语言去找到一致性以外的某种检验标准。”[4] 两人看上去在这点上是一致的。[5] 事实上，这一立场以及在因果性和证成之间的那种关联着的尖锐区分成为罗蒂对待此问题的策略中的关键部分。

很显然这是一种表象主义的观点。信念是理由空间中唯一被接受

的居民。但是在这里我们想更深入一点。这一观点并没有作为一个惊人的发现被提出。它只是一个自明之理。**确实如此**，除了另一个信念外没有什么东西能够证成一个信念。为什么说这点是如此明显的呢？因为我们能够找到另一种选择的唯一途径就是“走出我们的信念和语言”。戴维森在谈到将我们的信念“与经验法庭”比较时做出了相同的论断：“这样的比较是没有意义的，因为我们确实无法走出我们的皮肤去寻找我们能够感知到的内部事件的起因。”[6]

我们在此想要表明的是，戴维森和罗蒂对中介图像关键因素的依赖方式使得他们的观点平庸无奇。“我们无法走出去”，这一说法是I/O模式的基本特征。我们被包裹在我们自己的表象之中，不管怎样都无法跳出它们，将其与“实在”进行比较。这是非实在论理论最初能够从中产生的一幅标准图像。并且我们在这里还发现，本来意在拒绝这一图像的讨论最终却又乞灵于它。这就是所谓的被这幅图像囚禁了。

为了显明何以这种融贯论主张的平庸之误是如此难以被人发现，我们需要跳出中介图像，以海德格尔和梅洛-庞蒂专题化讨论过的那种嵌入性认知方式来思考。我们显然是用实在来检验我们的主张。“约翰尼，去屋里看看那幅画是不是挂歪了。”约翰尼按说的去做了。他并没有用他自己的信念来检验画挂歪了这一（成问题的）信念。他从屋里出来时就掌握了情况，但是检查并不是将成问题的信念与自己关于这件事的看法做比较，而是形成关于此事的信念，在这里是通过进去和查看的方式来完成的。 59

这听起来是一个非常简单的任务，但是事实上，它需要预先掌握大量的技能，这些技能是所有高等生物都具备的。想要看到某物，我们需要将我们面前的不确定场景确定下来，稳定背景，聚焦对象，最优化观看条件。之所以观看活动看上去是个简单的操作，是因为我们对其已经非常熟练了，只要一切顺利，我们是不会去注意我们正在实施的动作的。但是我们能够关注在知觉活动过程中缠住我们的各种中断事件。梅洛-庞蒂在其《知觉现象学》中做出的重要的创造性贡献就是用这样的事件来使我们去注意知觉场景、事物和在构建知觉对象时被他称为身体图式的东西之间的那种复杂的相互作用。

首先，我们需要确定面前的场景。一般而言，这一阶段对于我们来说已经非常自然，几乎都是瞬间完成的，但是我们可以在不寻常的情况中注意到它。梅洛-庞蒂给出一个观看一开始是不确定的、不稳定的场景的例子："如果我信步海滩，走向一条搁浅的船，船的烟囱和桅杆与沙丘边缘的树林混淆在一起，那么我会有一瞬间看到这些细节部分与船生动地连在一起并与之融合。随着我逐渐走近，我没有感知到最终能在一个连续画面中将船的上部结构连接在一起的相似性和邻近性。我只感到物体的外观在变化，感到在这种紧张状态中某事即将来临，就像在乌云中暴风雨即将来临。突然，为满足我含糊的期待，景象重新组合。"[7]

随着我面前的场景将自身安顿进具体的对象之中，它同时也在一种背景上组织出一个形象来。然后，就像我们拥有一种向来已被习得的技能那样，我们的身体图式开始自动地运作，以便固定这一背景。在视觉情况中，身体图式的运作还包括确定光亮的程度，保证我们对亮度的经验能够平稳持续，即便存在大范围的客观的强度变化也不会
60 影响到我们的经验。所以，如果我们从事于某个活动，即使测光器显示光线变得越来越暗，我们感知到的光亮也会保持不变，直到我们惊讶地发现光线几乎已经完全暗淡下来。与此类似，即便光亮的颜色发生了大范围的真实改变，对象的颜色看上去仍然保持不变，就像我们注意到的那样，我们在接近黄昏时采集的关于自然有色场景的图片被冲洗出来之后看上去却是黄色的，或者是一个电力采光的屋室，在下雪天从外面看的话是微黄色的，但是一旦我们置身于非常明亮的光线之中，它看上去就有点暗淡了。我们对一个场景的垂直距离的感知是由同样的方式建立和维持的。梅洛-庞蒂利用格式塔实验来说明，如果一个人戴上护目镜，其对世界的知觉也改变了，这时让他活动一下，处理一些事物，在经过开始阶段的迷惑之后，世界会再次调整好

自身，他甚至都能够滑雪或骑车了。

关于背景的恒常性，或像梅洛-庞蒂说的背景的层次，我们就说这么多。同时，形象也被固定下来了。随着我们对事物的接近，其被给予一个恒常的尺寸，虽然它们在我们视网膜上的成像是在迅速扩大的。梅洛-庞蒂指出，因为摄像机不是具身的活动的主体，不能维持尺寸的恒常，所以在电影中当一列火车开近时它会迅速变大；出于同样的原因，当靠近摄像机时鼻子或脚也会被放大很多。只有当我们无法行动着去把握事物时，尺寸的恒常性才会解体。所以，当我们从飞机上向下观望时，我们看到的是大小像玩具汽车、玩具小屋那样的东西。同样地，即便一个事物的实际颜色被临近事物的颜色所改变，其投射在视网膜上的形状随着我们围绕它的移动而改变，身体图式仍然能够使事物的形状和颜色保持恒常。为了帮助我们看到这种平常注意不到的知觉组织的杰出工作，梅洛-庞蒂描述了塞尚如何通过运用很多不同的颜色和视角刻画一种静止的生活，来尝试使观看者注意到事物慢慢开始获得稳定的颜色和形状，并且因此使人们获得一种对事物之现实性的意识，这样的现实性要比文艺复兴视角下的或印象派画家描绘光线本身的做法中的事物的现实性更真实。

> 物体的轮廓线，即被设想为包围物体的一条线，同样不属于可见世界，而属于几何学。假如用一条线标画出一个苹果的轮廓，那是将之变成一物，而这条线是一条理想的界线，趋向于界线的苹果各面的深度逐渐消失。不标画任何轮廓线，会取消物体的同一性。只标画单个轮廓，则会牺牲深度，深度即一种维度，它向我们提供事物，它并非铺展在我们面前，而是充满保留，作为一种不可穷尽的实在物。这就是为什么塞尚会在色彩调制上依循物体的隆起，并会用蓝线标画出若干轮廓。目光从一条轮廓线退回下一条，把握到所有轮廓线之间生成的一个轮廓，一如目光在知觉中所做的那样。[8] 61

最终，我们都掌握了恰当安排我们自身以获得一种对知觉场景的最佳掌握的技能。我们已经看到在行动中我们是如何发展出一种活动的能力以便不断实现我们的预期的。梅洛-庞蒂指明了这种活动在知觉中运作的特殊方式。在正常情况下，当首次观看一个事物时，我们会把我们和事物之间的距离当作一种能够通过活动来克服的失衡，以便能够更好地看清事物。因而我们不得不寻找一个有利的位置，基于此位置我们能够将整个事物及其细节统统纳入进来。就像梅洛-庞蒂做的那样，可以这样总结在行动和知觉中获得最大理解的倾向的作用："当我的知觉尽可能地向我提供一个千变万化且十分清晰的景象时，当我的运动意向在展开时从世界得到所期待的反应时，我的身体就能把握世界。在知觉中和在活动中的这种最大清晰度规定了一个知觉的基础，我的生活的一个背景，我的生活和世界共存的一个一般环境。"[9]

当然，在知觉中就像在行动中一样，因为我们能够非常熟练地对待事物，所以我们寻找最佳视点的动作通常是瞬间完成的和不被我们注意的。梅洛-庞蒂再次出色地列举出一种情况，在这种情况中这样的熟练活动被放慢速度以至能够让我们注意到。他提醒我们："对于每一个物体，就像对于画廊里的每一幅画，有一个观看它的最佳距离，有一个最能突出它的方向：在这个距离与方向之内和之外，由于
62 过度或不足，我们只能得到含糊的知觉，我们追求最清晰的视见度，就像我们把显微镜的焦距调整到最佳位置。"[10]

确实，在画廊中我们注意到自己会被导向均衡，因为观赏绘画是种特殊的情况，在这一过程中我们必须多次尝试以便找到最好的鉴赏角度，因而我们经常会围绕着最佳视点打转。但如果是在对一般事物的知觉中，因为我们已经非常熟练，所以正常情况下我们直接就被导向了最佳观看位置。

在任何一种情况下，我们作为具身存在者都必须面对正在观看的东西，考虑到事物的大小尺寸而移动到一个合适的距离上，并且还得保证观看视线通畅无阻。在这种方式中，我们的技能考虑到了因果知觉理论表明的一个事实，即为了能够看见一个事物，我们必须处于一个能被其因果作用的位置上。所以说，我们的知觉技能从一开始就在

沟通我们和物理实在的过程中自发地考虑到了物理条件的制约。事实上，我们在获得对事物的最佳掌握时是如此熟练而通常忽视了如下事实：我们需要学会在自然条件的限制内行事以便能够更好地进行知觉。只有在某些干扰因素促使我们重新调整或移动到一个新的位置上时，我们才能发现，在获得最大理解的过程中整体性活动已经统一了无意义自然的因果作用和我们的有意义的知觉经验。

所有上述技能都在隐蔽地发挥作用，使所有的具身行动者能够进入客体世界，因而如果我们反问约翰尼为什么说那幅画挂歪了，他能够毫不迟疑地答复我们说他刚刚看到的就是那样。但是，如果我们坚持追问为什么他认为他刚才的所见是可靠的，他可能马上就会开始显示他认识论方面的能力。比如他可以指出整体光线条件是不错的，他拥有一个通畅无阻的观看位置，并且他和那幅画的距离正好能够让他看清细节而又不会失去对整体的综观。在这些最佳条件下，那幅画看上去挂歪了。

我们自然可以继续反问那幅画**看上去**挂歪了"激发"了约翰尼的信念：它是挂歪了，但是却没有证成这一信念。也就是说，就像在梅洛-庞蒂喜欢的月亮错觉的例子中那样，约翰尼有可能是被引导着看见类似于一幅被挂歪的画那样的东西，但是正如我们不会仅仅因为看到的情况而相信地平线上的月亮要比正中的月亮大那样，约翰尼仅仅依靠那幅画看起来如何就形成一个信念同样是没有得到证成的。但是，约翰尼有别的方式来检查墙和地面是否垂直，以及其他一些相关的事项，当所有相关的认识论技能都被用来检查所有能产生错觉的相关根源后，约翰尼就有权承认他的信念了，并且可以得出结论：那幅画事实上就是挂歪了。 63

这里的深意在于，在知觉中来自世界的因果影响并不直接为我们提供能够证成其他信念并被其他信念证成的信念。毋宁说是，因果输入需要一个复杂的能够产生一种稳定经验的认识论技能系列，这反过来又会引导我们形成一个信念。进而，如果我们比较谨慎或者认为我们被骗，那么可以动用更进一步的认识论技能来检验在这种情况下背景是否正常。只有这样，我们才能拥有一个信念，依此信念做出可靠的推论来帮助证成其他信念。

当我们要求约翰尼进屋查看时已然设定了他知道如何形成一种关于此类情况的可靠观点，就像我们大多数人都知道的那样。他知道如何过去，在合适的距离内以一种准确的定向来获得梅洛-庞蒂所谓的对事物的最大开掘。如果你确实想反诘他，那么证成约翰尼信念的东西就是：他知道如何做这件事，他能够以这种方式来处理事物，当然这一方式与他使用、操作事物以及随便看看事物等的其他方式是无法分开的。当他进去检查的时候，他使用这些多重能力来处理事情，他对自己处理问题能力的意识使他对报告给我们的判断持有信心——当然这说的是在他能胜任的情况下。对某些事情他是无法胜任的（比如“这幅画是雷诺阿的作品吗?”），但是对现在这件事而言他是完全能胜任的。

这表明我们在某种语境中如何能够非常巧妙地用事实来检验我们的信念，而不必陷入跳出我们的皮肤这样的荒谬要求之中。[11] 戴维森-罗蒂的自明之理是错误的。

我们希望以上论述同时还说明了某幅图像是如何囚禁我们的，即便我们认为自己已经摆脱了它。它通过框定我们的思想来束缚我们，因而凡是我们提议和接受的论点都取决于它，并且我们很难意识到这种束缚，因为只要我们在这些框架之中行事，那么它们就其本质而言就是隐而不显的。

64 在某种意义上，指责罗蒂具有“表象主义”嫌疑是相当不公平的。难道不正是他本人猛烈攻击过关于“表象”的谈论吗?“我并不认为语言或知识与描摹、表象或符合行为有任何关系，因而我把系统表述和证实命题看作仅仅是泰勒所谓的‘处理’和我所谓‘操作’的特例。”[12] 但是，将命题等同于操作模式正好迎合了中介话题中的核心问题，并且使罗蒂陷入一种困境。要么是与操作实践相对的命题，它们必须表象世界以便具有内容，在这种情况下它们是内在的，因为我们可以将其满足条件与这些条件是否被满足区分开；要么就是其他的命题，像信念那样没有内容。但是如果是这样，根据罗蒂，它们是如何为其他信念提供理性证成的呢？

在此我们想重申我们的重点：仅仅说自己拒绝了一个概念并不必然意味着摆脱了该概念嵌入其中的图像。需要继续做的是意识到那幅图像如何束缚住了自己，并对其进行研究。仅仅避开它、对其不闻不顾并不能达到这种效果。

如果我们能回想起在第一章中描画出来的关于中介传统的四个脉络，那么我们就不难看出，罗蒂以及另一种意义上的戴维森都仍然束缚在这个传统之中。这四个脉络是：(1)“只有通过”结构，(2) 内容的明确性，(3) 无法绕开这些内容，(4) 关于精神与物理、理由空间与因果空间的二元论秩序。现在，罗蒂和戴维森都有力地拒绝(1)；但是罗蒂会认同 (4)，戴维森对 (4) 的态度不是很明确；然而他们都接受 (2)、(3)，这确实表明中介传统在他们那里仍然有效。我们把握世界所获得的内容被理解为明确的信念 (2)，在理由空间中无法绕过这些信念 (3)：因为只有信念才能证成信念。

然而，前面约翰尼的例子表明，在理由空间中我们是能够绕开信念的，我们作为具身行动者与世界的原初接触使我们能够产生可靠的信念，就像约翰尼做的那样。投入的操作活动实际上是因果空间和理由空间的聚合之地，这里我们既是被触动的又是主动的，既受事物影 65
响同时又使事物具有意义。在这里我们碰到了一个范例，它表明对问题的避而不谈仍然使我们囚禁在想要挣脱的图像之中。我们无法琢磨明白，认知主体是如何获得可靠的、被证成的有关世界的知识的。我们一方面知道，我们的信念来自与世界的因果接触；另一方面也知道，是我们自身在安排某些证成的程序和标准。与事物之间的这两种关联可以被考察，但是两者之间是不相关涉的。

直到我们已经做好准备超越这一错误的图像，踏上海德格尔和梅洛-庞蒂指示出的另一条道路，只有在这时，我们才能看到我们一直以来信以为真的东西是多么具有误导性。

所以说，罗蒂处理基础主义、实在论、反实在论以及诸如此类问题的整个方式，都必然使他更容易受到我们一直在讨论的那种束缚的影响。实际上，罗蒂的观点与某些形式的相对主义和非实在论思想非常接近：证成最终说来必然要借助于我们在这里的行事方式。如果这种方式和他们在他们那里的行事方式不同，那么就会出现无定论的情况。但是罗蒂拒绝了“相对主义者”和“非实在论者”这一（广被批驳的）称呼，他试图使我们相信，追问这样的问题是没有意义的，否定相对主义和非实在论的结果只能是基础主义，前者和后者本是一丘之貉。存在的只有不同的处理和操作方式。词汇只是工具。“不同的词汇使我们在与环境的各个方面打交道的过程中拥有具备不同用处的信念。”[13]

但是上述我们的考虑表明，一个人不能仅仅简单地避开某些问题。到底是中介性理解还是嵌入性理解（比如海德格尔和梅洛-庞蒂提供的）更充分？我们应该直接放下这一问题，然而发现其中的一种理解正左右着我们的思维活动。这是无法避免的，并且嵌入性观点能够阐明何以如此。在某种意义上我们“知道”的要比我们认识的更多。这里引号的作用在于指示我们对事物具有一种目前-为止-尚未说出的把握。我们在思考世界的所有活动中都会援引这种目前-为止-尚未说出的把握，或援引对它的某些歪曲的理论。我们不光在哲学活动中会这样，就像我们在论述融贯论时看到的那样，而且在非常普通的弄清世间之物的情况的企图中也会这样。我们做出的那些在罗蒂看来无
66 用的区分——比如自我理解与独立的实在之间的区分，前者不应被理解为孤立的对象，后者不随描述的改变而改变，就像一直在那里等着开普勒的太阳系——是嵌入在我们的实践活动之中的。开普勒并不会把他的椭圆轨道运动定律当作一项新的关于天体如何理解/表现自己的假说。整个探究活动的框架性理解是：这一定律本身就是天体自己的运动方式，他的理论对过去、现在、将来的所有观察来说都有效。我们并不是在引入一种关于说明的堂皇的形而上学说辞（在开普勒关于完美实体的看法中有一些这种形而上学的说辞，不过那是另外一回事）。我们在此只想努力阐明，在开普勒的探究活动中有一种本质性的结构，正是它使得这一活动具有意义，如果没有这种结构，探究活

动有可能会被导向完全不同的方向。[14]

事实上，当罗蒂告诉我们说我们被世界因果性地影响时，他就在援引这一框架性理解。这没有表达出什么新发现，无非是将我们所有人要想正常行事就必须知道的东西重新表述出来而已。事实上，除了一些可能的疯狂的观念论外，它是这一领域所有理论的共同基础。但是根据何种隐蔽的边界，我们被允许意识到这一事实，同时又被禁止更进一步，像海德格尔和梅洛-庞蒂做的那样对我们的思想嵌入进我们的积极行动者身份的方式进行描述？在努力阐明使我们的思想和行动具有意义的框架理解的道路上，不应有障碍存在。

1

罗蒂的目的和我们一样，都是要把我们从继承自笛卡儿的旧中介认识论中解放出来。但是，他的方式是避开关于心灵与世界（借用麦克道威尔的术语）的所有问题：如何关联理由空间和因果空间？思维是如何嵌入身体性行动和社会性行动之中的？如此等等。与此相反，我们相信：如果不能一步步地解决它，认识它，看清它错在何处—— 67
就像海德格尔和梅洛-庞蒂做的那样，那么我们就无法从旧认识论表达的那种歪曲图像中解放出来。

孰对孰错？我们要争辩说我们是正确的。我们之所以这样认为，其根据在于我们确实无法躲过这些问题。我们对世界的明确思考是通过一种隐蔽的、多数情况下未被表达出来的有关我们在世存在的背景意识而被语境化和被赋予意义的。在某种程度上，不管我们喜欢与否，我们总是正在经历着这些明确的问题的某些答案。

这就是为什么说即便我们宣称已经摆脱了中介图像，但是它却仍然束缚着我们的理论想象的原因。这应该能够提醒我们意识到罗蒂仅仅避开问题之策略的局限性。但是，当我们注意到罗蒂对这些问题的废黜使他对那些我们能够充分利用的事物总是忍不住以某种方式谈及的事物——因为它们体现着使我们了解世界、描述世界、交流我们的发现的实践具有意义的前理解——持否定态度时，我们同样可以检查一下它错在何处。因而，我们要求别人基于事实来检验主张，就像前面约翰尼被要求去做的那样。我们谈论对一种不变的实在的前后把握，比如在天体理论方面；并且我们还要讨论对错误的修正，讨论对一种较少扭曲的观点的获取。所有的这些都承认我们没有充足的理由来拒绝表象概念。很多简单的日常句子（当然，无论如何不是全部的）被用来表达事物的存在方式，它们给出一幅关于事物如何存在的“图像”，当事物真实的存在方式与这一图像相符时，这些句子就是正确的。如果你试图否定我们使用这样的表达的权利，那么你不得不借助于类似的替代物，因为这些表达体现了使我们的检验、否定、讨论、同意等活动得以可能的背景理解。正是在这一常见的、得到恰当理解的意义上，很多日常指示性句子“表象着”与它们相关的事物：在这个教室中有十五把椅子——真是这样吗？——数一数（一种产生信念的可靠方式，其本身并非信念）。

罗蒂想让我们抛弃“表象”，但是他仍在使用“信念”。而这一词的逻辑将同样的背景理解赋予它。一个信念是关于什么的？一个信念与某事相关到底意味着什么？它是真的吗？它是正确的吗？我们完全投入到对付表象的逻辑之中，即使一种挑剔的实用主义都不会允许我们使用这个词语。况且，我们一旦否定了表象，就很难抓住嵌入性观点的要义了，比如：表象肯定不是问题的全部，它们不可能是自足的。
68 现在你甚至连这些都无法想象，因为这些术语被禁止了。但是当你在讨论一种融贯论观点时，这幅图像无论如何仍束缚着你。罗蒂逃避中介主义的方式就是走进黑夜之中，在那里关于心灵与世界的所有看法都被吞没进同一种黑暗之中。你无法再看清楚任何事物，无法以海德格尔和梅洛-庞蒂的那种卓有成效的方式在一定水平上清晰阐明我们向来已经“知道”的东西。这赋予他的理论一种古怪的先验氛围。我们不被允许区分不同的真理语境，在这些不同的语境中各式各样的考虑使我们的主张为真。我们必须相信，证成最终说来只关乎我们这里的做事方式，不能通过与他者那里的做事方式之间的比较而得出孰好孰坏的定论。这看起来是一个无所不包的教义；诸问题之间和诸语境之间的无限差异是没有意义的；在一种处境中有效用的信念和表象在另一种处境中未必可行；在一种语境中出现的合理仲裁，在另一种语境中则完全不适用。比如说，在我们看来，从亚里士多德到伽利略-牛顿的力学运动得到了充分的奠基。一旦你经历了这种转换，并且真切体会到新理论允诺的解决异常现象的能力，你就无法再理性地返回到过去的理论那里去了。也就是说，你无法带着你学到的东西返回到学习之前的状态了。这里发生的是一种取代。但是，说巴洛克音乐同样取代了文艺复兴音乐则是荒谬的。其他情况处于中间状态，并且更加复杂。可以想想当妇女在争取选举权时人们提出来的那些反对理由。在今日谁还会一本正经地提起它们？妇女被认为缺乏政治判断力，当她们的政治权利仍被否定时，人们也能够确实相信这一信念。但是当她们践行这一权利达百年之久时，这一信念看上去就非常荒诞了。如果今后有人能够再次主张这种观点，那么我们现在所知道的大部分内容都必须先行被排除掉。

罗蒂认为我们要抛弃近代哲学狭隘的理性主义传统中的很多东西，但是在一定意义上讲，他从这些东西中挑选出了根据高度普遍性的考量来不加区别地对待事物的先验之物并将之保留下来，而这种先验之物其实是最令人不悦的东西，罗蒂的这种做法让人感到遗憾。概念图式之间的差异是能够被判定的吗？（我们暂且用一下这个被讨伐的术语。）人们认为能够基于所有语境都承认的某些高度普遍化的特征来对此问题做出回答。但是如果人们真的打破了这种哲学束缚，他们马上就会意识到没有用来审视每一个新语境的替代品。 69

2

因而，最后说来我们还缺少一个关于理由和因果如何在我们对世界的经验中结合起来的解释。现在我们也许能更清楚地看到解决这种结合中的难题到底需要做些什么，由此才能够出离这一图像。

为了打破因果空间和理由空间之间的森严壁垒，我们需要（1）接受一种前概念的理解方式，基于这种理解方式概念能够用来述谓事物——这种事物也可以说成是在理由空间中活动在概念之下的东西。为此，我们还需要（2）将这种理解视为处身性的行动者的理解，根据行动者的目的、需求、意图、期望来决定事物的意义（sens，Sinne）。这些意义产生于自发性与接受性的结合、约束性与意愿性的结合，它们是世界对于那些由目标或需求来界定的存在者来说变得有意义的必然方式。因此，它们在某种程度上可以说是由实在加在我们身上的东西；就对我们的意义来说，事情无非是或赢或输、或成或败、或顺或挫；我们不能（超越确定的界限）单纯地选择去否定或改变它。但是与此同时，意义只有在我们努力使周围之物变得有意义时才显露出来。

但是（3）这种受限制的、前概念的意义建构得以发生的原始的必然场所就是我们与世界之间的身体性交流。这一点是梅洛-庞蒂贡献中的关键地方，他的贡献近来被托迪斯拓展深化了。事物最原初的不可避免的意义存在于我们的身体性在世生存之中，或者说与这种身体性在世生存相关：我们的场域总是由上或下、近或远、易得或难得、可把握的、可避免的等生存论范畴来规定的。

然而（4）我们的人性同时还包括将我们自身从这种原始的处身性模式中分离出来的能力——比如，我们能够学会以一种不处身的方式、普遍的方式、局外人的观点或“更高的”观点来看待事物。这一点在西方文化中的独特形式就是至少在理论上想要获得一种“本然的
70 观点”，或是从一种“绝对的立场”来描述事物。我们只有看清了这点，这种不处身的模式才在一种重要的意义上是派生性的。就像我们早先提到过的，处身性模式是在先的、普遍的。我们总是从它这里出发，并且总是需要它作为基础以便我们时不时能从它这里分离出去。但是我们必须清楚的是，这里说的依赖性是发生学意义上的，明显**不是**概念性的。（可见第二章的讨论）

上述四个步骤构成的观点使我们能够克服所予的神话，超越中介理论中的矛盾边界。并且，它还取消了反实在论的诱惑，这尤其得益于步骤（3）。如果我们认识到原初性地讲我们对事物的把握是一种身体性地与物相宜，那么我们就能知道我们是在一种比描述实在或赋予实在以意义更深的层面上来接触周围实在的。这些描述和意义赋予可能出错，但是保持不变的是世界，在世界之中相关问题才能被问起，我不能逃避这个世界，因为我在各个方面都需要它，最终甚至在关于我是谁和我在此何为的疑问中都需要这个世界[15]——即使我在此何为的疑问意味着放弃世界进入无意义之地。我对实在的第一理解不是形成关于它的图像，而是与它之间的持续交流所秉有的那种意义。我可能对它感到疑惑，但是它必须是不可分割地在场的。就像梅洛-庞蒂指出的那样，这就是为什么说即便是要界定否定之物，我们也必须与那些词语真实所指的东西保持多重关联的原因。

就实在论和反实在论问题而言，步骤（3）和（4）对于我们来说是至关重要的。但是在探讨这一问题之前，我们先来把在第二章和第三章中勾勒出来的那幅关于处身性行动者的图像充实起来。

注释

［1］我们在这里谈论的是一般怀疑论。在此之外，有一种更特殊的、攻击科学的怀疑论，但是这种怀疑论不会质疑日常生活中的实在。我们将在下面第七章中再来讨论这种特殊的怀疑论。

［2］W. V. O. Quine，“Scope and Language of Science”，in *The Ways of Paradox, and Other Essays*（Cambridge，MA：Harvard University Press，1976）.

［3］Donald Davidson，“A Coherence Theory of Truth and Knowledge”，in *Truth and Interpretation: Perspectives on the Philosophy of Donald Davidson*，ed. Ernest LePore（Oxford：Blackwell，1992），310.

［4］Rorty，*Philosophy and the Mirror of Nature*，178.［中译

本：《哲学和自然之镜》，155 页。——译者注]

[5] 也可见 Robert Brandom's account of Rorty's position in the introdution to *Rorty and His Critics*, ed. Robert Brandom (Oxford: Blackwell, 2000), xiv。

[6] Davidson, "A Coherence Theory", 312.

[7] Maurice Merleau-Ponty, *Phenomenology of Perception*, Donald Landes (London: Routledge, 2013), 17. [中译本：梅洛-庞蒂，《知觉现象学》，姜志辉译，40 页，北京：商务印书馆，2001。——译者注]

[8] Maurice Merleau-Ponty, "Cézanne's Doubt", in *Sense and Non-Sense*, trans. H. L. Dreyfus and P. Dreyfus (Evanston: Northwestern University Press, 1964), 14-15. [中译本：梅洛-庞蒂，《意义与无意义》，张颖译，11-12 页，北京：商务印书馆，2018。译文有少量改动。——译者注]

[9] Ibid., *Phenomenology of Perception*, 261. [中译本：《知觉现象学》，319 页。——译者注]

[10] Ibid., 315-316. [中译本：同上书，383 页。——译者注]

[11] Davidson, "A Coherence Theory".

[12] Richard Rorty, "Charles Taylor on Truth", in *Truth and Progress*, vol. 3 (Cambridge: Cambridge University Press, 1998), 95-96. [此引文有误，罗蒂的原文是：I do not think that either language or knowledge has anything to do with picturing, representing, or corresponding, and so I see formulating and verifying propositions as just a special case of what Taylor calls "dealing" and I calls "coping"。这里没有说操作活动是德雷福斯提出的。——译者注]

[13] Brandom, introduction to *Rorty and His Critics*, xiv.

[14] Charles Taylor, "Rorty and Philosophy", in *Richard Rorty*, ed. Charles B. Guignon and David R. Hiley (Cambridge: Cambridge University Press, 2003), 171-172.

[15] 可见托迪斯在 *Body and World* 中富有启发性的讨论。

第四章　接触理论：前概念事项的位置

在海德格尔和梅洛-庞蒂那里展开的对我们的困境的刻画，对 71
在-世界-之中-存在（Inderweltsein 和 être au monde）的分析，与约翰·麦克道威尔发动的对二元认识论的强烈批判在这里走到了一起。[1] 跟随塞拉斯的观点，麦克道威尔攻击的那种二元论指的是明确区分理由空间和因果空间的做法。对 Inderweltsein（在世界之中存在）和 être au monde（在世生存）的解释同样拒绝这种区分。正如麦克道威尔的论述表明的那样，这些解释意在说明我们的观点在知觉中被世界加以塑造的地方不仅仅是因果作用的场所，同时也是信念之有力摄取功能发挥作用的所在。这些解释表明，如果人们仅仅在概念层面关注信念形成的话，那么他就不可能充分说明这种有力摄取模式。

我们争辩说我们能够通过周围环境的引导形成概念性信念，因为
我们前概念地与这些含有理解的周围环境打交道。这一空间中的交流 72
不是中性元素之间的因果进程，而是对相关性的意识和回应。那种带有外部边界的内部空间的想法在这里无法产生，因为我们是处于某种关联性中的生物这一事实无法被安置在行动者的“内部”，它就在互

动性本身之中。我用以攀登山路并一直知道我在何处的理解和实践知识并不是以一种图像的形式存在于我的“内部”，这只有当我开始绘制地图时才会发生。但是现在它存在于我对道路的考量之中。理解是在互动之中的，它无法在此之外、在相关的周围环境缺失的情况下被援引。认为它能够被分离出来其实是基于明确的、概念的、以语言或图形为基础的知识模式来理解它，这无疑是整个 I/O 传统，即从笛卡儿开始经过洛克一直延伸至当代人工智能模型的拥趸一直想要做的事情。然而，正是这一再造界限的运动，使得知觉知识的进程成为难以理解的东西。

然而，有时我们的观点似乎与麦克道威尔这里的观点不太一样，因为他拒绝承认有一种存在于我们与世界之间的认知性的但非概念性的接触。麦克道威尔似乎认为，真正属于理由空间的事项必须在形式上是命题性的[2]；并且他毫不迟疑地声称获取真实信念的场所必然是由概念塑造的。与此相反，我们主张我们的命题性信念建基于一种与世界之间更原始的、“原初的”（ursprünglich）、有认知性效果的接触之上，这种接触是前命题性的，甚至部分还是前概念的。

我们将通过复述麦克道威尔在其深厚的和令人信服的著作中提供出来的大体思路，来将我们和他之间的（至少表面看来存在的）差异弄得更清楚一些。麦克道威尔是从分析所予神话的诱惑开始他的讨论的。我们都知道，我们用其他的信念来证成某些信念，或者是通过从某些信念出发的推理链条得到确定的信念。但是我们同时还认为这些信念必须“能够以这样的方式得到奠基，它将它们关联到一个外在于
73 思想的实在之上……如果经验要成为知识的一个来源的话，并且更一般地，如果经验判断与实在的关联终究要在我们的图像中以一种可以理解的方式占有一席之地的话，那么肯定就必须有这样的奠基”[3]。

所予神话是对这种顾虑的一种回应。信念被其他信念证成的活动，会有“退化成一个空洞游戏”的危险，被一种“具有安慰作用的观念”所挽救：“经验的辩护在概念的领域之外的事物对概念的领域的冲击中有一个终极的基础。”[4]

但是这种挽救的观念被表明是无用的。如果基础意味着“来自世界的概念之外的冲击，那么结果将是这样一幅图像，在其中来自外部的限制是在扩展了的理由空间的外部边界施加的，是在一种我们不得不描绘为来自外界的粗野的撞击的东西之内施加的”。在该边界发生的“是一种外来的力量的结果，是世界的因果撞击。它是在我们的自发性所控制的范围之外进行着的”[5]。

换句话说，理由空间和因果空间在某一点上交汇了，但却是以一种来自外部的因果作用的方式。这一作用意在帮助证成我们的信念，但是就其本质而言它办不到。因果作用意味着，在某些环境中我们刚好发现我们具有某些信念，但是却不知道为什么这些信念在这些环境中产生。这与其说能够支持稳固的经验证成，毋宁说更容易导致怀疑论的产生。麦克道威尔在这里指出了原始中介理论中的矛盾之处：我们的基本的“简单观念”来自纯粹的因果刺激这一事实使得它们成为不可置疑的东西；它们是纯粹的所予。推理活动必然从这里开始，别无选择。但是，正是这一事实使我们怀疑这些纯粹所予到底是否能够超越表象成为指向世界的可靠向导。中介传统滋生了怀疑论，此外还有反实在论，就像炎热的阳光下总会有苍蝇一样。

（纯粹）所予神话的问题在于，它无法解决当初它被制造出来要去解决的问题。此外，它还贬低了我们。我们知觉中形成的信念并不像粗糙的所予那样是仅仅摆放在那里的。知觉完全是这样一种活动， 74
通过它我们能够拥有和获得对我们何以具有如此这般的信念的更深入的认识。在判断中运用某些概念的倾向“并非只是无法解释地出现了。如果一个人确实做出了一个判断，那么它是由经验从他那里强行索取出来的，而经验在此就充当了他做出这个判断的理由。如果在一幅图像中作为一个判断的基础的东西不过是一种做出它的倾向，那么在这幅图像中经验本身便付诸阙如了”[6]。这是一个现象学真理，它突出表明了在我们的经验信念的证成逻辑中某些本质性的东西：这些信念并非是从我们无法绕开的纯粹所予那里开始的。其实这点也是我们在第三章集中讨论约翰尼检查画时要阐明的东西。[7]

现在清楚了，推理活动是一种规范化能力的运作，因而也可以说它是我们的自发性或自由的运作。麦克道威尔在这里同意康德："当康德将知性描述成一个自发性官能时，这反映了他有关理性与自由之间的关系的如下观点：理性上的必需不仅与自由是相容的，而且对于它来说是构成性的。用一个口号来说，理由的空间就是自由的领域。"[8]

一旦我们认清了所予神话的不实，我们的问题就成了该如何将这种自由的自发性与约束性联合起来。为了避免在催生所予神话的奠基需要和置这种需要于不顾的解构神话之间的摇摆，"我们需要承认经验本身就是将接受性与自发性无法分开地结合在一起的状态或者发生过程"[9]；我们必须能够"将经验说成向实在的布局的开放。经验使得实在的布局本身就能够向一个主体所思维的东西施加一种合理的影响"[10]。

就这一要求而言，我们与麦克道威尔完全一致。我们必须表明我们的知觉活动何以既是受约束的又是自由的，是处境性的同时又是自
75 发的、创造性的。这正是我们在第三章努力表明的东西。并且我们已经得出结论：这种被导向着的自发性不可避免地、原初地发生在比概念事项更基本的层面上——正如我们在约翰尼的例子中看到的那样，概念能力的运作援引着更深层面的认知能力。如果我们想要知道约束性和自发性是如何融合在一起的，我们不得不在知觉中进行，在这点上我们由衷地认同麦克道威尔的想法。但是如果我们想在知觉中找到原因，我们就必须揭示：我们形成信念比如"这画挂歪了"的能力援引着前概念的认知能力。

在这最后一点上，我们看上去和麦克道威尔分道扬镳了。在第三讲对加雷斯·埃文斯的批评中，麦克道威尔坚决拒绝了这样的可能性：理由空间能够包含"外在于概念事项领域"的经验。[11] 埃文斯的理论和我们的不太一样，但是我们同样想要支持这种前概念的经验。如果我们观察一下麦克道威尔拒绝这种经验的一般理由，而不是

针对埃文斯版本的具体论证，我们会发现它们在《心灵与世界》一开始就被包含在他的立场之中了。在第一讲第四部分，将“经验知识产生自接受性和自发性之间的某种合作”这一思想归功于康德之后，麦克道威尔又加入了附带说明性的句子：“在此，‘自发性’可以仅仅是一个表示概念能力的涉入的标签。”[12] 接下来的论述则把“概念能力”或“概念内容”凸显为需要与接受性结合的东西。

我们之间的分歧归结起来看似乎就是这个了。我们都赋予自发性在我们与世界最基本的接触中以一种关键性的位置。但是麦克道威尔并不承认非概念的自发性的可能性，而我们跟随梅洛-庞蒂一直在刻画的正好就是这种在我们对世界的原始把握中自发性的潜概念运作。

这意味着，我们和麦克道威尔把从康德那里继承来的基本的整体论观点，从它们与前概念事项的原始关涉中转移出去了。我们在第二章中指出过，康德发明了所有先前对中介主义的解构都会援引的原始的整体论论点，它反对输入原子主义，主张任何细小的知觉都必然关联于它在其中出现的世界，我们必须将知识（Erkenntnisse）片段与 76
它们的对象（Gegenstand）联系起来。麦克道威尔认同此论点，他说：“将该经验所接纳的东西理解成一个更广阔的实在的一个部分。这个更广阔的实在是这样一个实在，它全部都可以容纳于思想之中，但是对这个经验来说，它并非全部都是可以利用的。”[13] 但是在他的理解中之所以会这样，主要是因为我们的“概念能力”的运作方式，而对我们而言，这种整体论论点在前概念经验的层面上就已然在发挥作用了，比如在草场上熟练的足球运动员那里就是这样。

前面我们对足球运动员的描述能够很好地说明前概念的自发性。康德和麦克道威尔谈论“自发性”，因为他们知道认识着的行动者不仅从外界被动地接收印象，还主动地理解他/她的周围环境，并使后者具有意义。大部分情况下我们肯定是通过运用概念来完成这点的，但明显地并非全部情况都是如此。足球运动员主动地使他面前的场地“具有意义”，将其分割为几个区域，如不可攻破的地带，对手中间可能的攻防“漏洞”，自己战队中容易被对手突破的软肋；用吉布森的话来说就是他抓住了可供性——所有这些都是在无概念参与的情况下完成的。（这里的用语是我们自己的，并非来自吉布森的词汇。）

康德式的自发性是“理性的”，因为它不仅是独断的，还用来使我们的世界具有意义，了解清楚世界的基本情况。正因如此，我们在处理更高层面的道德问题时能够谈论“自由”，并与麦克道威尔一起说：“理性上的必需不仅与自由是相容的，而且对于它来说是构成性的。”[14] 自发性在所有层面上都是以获得正确的理解为目标导向的；明确地“被导向”某些结论不是对它的否定，而是其最高的实现。我们在康德的道德楷模和波兰尼[15] 那样的科学家那里所看到的那种相似的自发性和必然性之间的内在关联，在非反思的足球运动员那里是同样明显的。他同样是拉紧每一根神经以便获得对场地中时刻变化的势力线的准确把握。但是这里的途径不是道德反思或理论表
77 象，而是攻防行为的可供性。当我们在踢足球时我们的自发性能够是前概念的，但是当我们在沉思道德问题或权衡理论时则不然，这一事实和语言在我们生活中的位置有关——我们会稍后返回到这一问题上来。

那么，在自发性问题上到底谁是正确的呢，是麦克道威尔还是我们自己？也许我们双方都正确，某些更细微的区分能够调和我们的立场。我们由衷地赞同麦克道威尔的如下做法：显明理由空间如何关联于因果空间，自发性如何是被引导着的，因果刺激如何能够被编织进主动的理解之中。事实上，在第三章我们就表明过，我们的知觉能力从一开始就自发地考虑到那些保持我们与物理实在接触的物理限制问题——这是一个基本的知觉事实，戴维森强调过这点，但是他认为这一事实是外在于经验的。与戴维森相反，麦克道威尔坚持认为我们必须实际地经验这些因果限制，否则我们的知觉就无法与世界关联。但是，他认为知觉从头至尾都是概念性的，这种做法似乎没有为因果接触实际地被我们的知觉技能吸收的方式留下可能空间。因为这首先并

且不可避免地发生在前概念层面，它是我们与沉默的动物近亲之间共享的东西。[16]

然而，在此我们也许值得一问的是：为什么麦克道威尔会倾向于认为我们从知觉中获得的东西都必须具有命题形式？我们探索的那种更深的层次为什么不存在？

也许部分原因在于这样一种意识："理由空间"必然是推理活动的空间，在此我们指的是当我们考察不同的命题、为它们寻找理由时从事的那种反思-批判性活动。显然，这样的活动需要命题性形式的候选者形成知识，而知识又是对那种允诺了元描述和评价的存在的直白描述的发展：q是根据p得出的吗？r和s是不兼容的吗？诸如此类。但是，当推理活动唯有基于成形的信念才能顺利进 78
行，而这些信念反过来又总是直接或间接地依赖约翰尼践行的那种更基本的认知能力时，我们还能真的让推理活动独占整个理由空间吗？

更根本的是，我们应该这样来追问：在这一争论语境中，"概念的"和"前概念的"到底意味着什么？这些术语在我们的语言中很难有一种完全确定的意义，甚至在哲学家中间也是如此。动物有概念吗？我们可能会倾向于回答有，因为毕竟我养的狗能够认出骨头和它的狗舍；它还能认出警察、捕狗者（龇牙狂吠）和它的主人（冲撞摇尾）。在这样的行为中肯定有一些与我们辨识汽车、自己的汽车、警察（我紧张地查看自己的安全带是否系牢）以及家人的能力相似的东西。

我们没有办法在这里划出界限。但明显的是，麦克道威尔在拒绝我们有前概念经验时想到的是概念在推理活动中的作用。"对于如此苛刻意义上的概念能力来说，本质之点是：它们能够在主动的思维中被利用（主动的思维即向着有关它自身的合理的资质的反思开放的思维）。这就是当我说经验的内容是概念性的时候用'概念性的'所意指的东西。"[17] 所以推测来看我的狗并没有对它认出骨头的理性根据进行反思，因而这里必定有区别。我们可以换个说法（比如"如此苛刻意义上的概念能力”?)，但还是让我们跟随麦克道威尔的“概念的”这一用法吧。

然而如果是这样，我们就需要引进另一种术语来说明我的狗所做的事，以及足球运动员和熟练的司机所做的事。我们可以用“原概念的”这个说法。我的狗在追赶树上的猫，它依靠的就是这种原概念，因为它并非像向日葵朝太阳定位那样回应它的环境。相反，它把猫当成猎物来追踪，动作相当灵活，甚至能够预先知道猫的活动。但是与此同时，它对世界的把握包含着原概念，因为它不可能批判性地反思它所依靠的那些范畴。

现在似乎清楚了，主动的批判性思维活动，对完全苛刻意义上的
79 概念的运用，都需要语言。和赫尔德等人一道，我们则认为采用语言使我们处于一种对事物的“反思性”立场之中。“反思性”在此指的是：当我们并不是仅仅对骨头做出适当的回应（就像宠物狗罗孚做的那样)，而是通过称其为骨头而认出它时，我们就是在使用一个可真可假的词语。语言使用者的一个本质特征就是他们对词语的正确用法这一问题非常敏感。对于那些没有这种敏感性的存在者来说，比如鹦鹉，即便它准确地发出“正确的词语”的声音，我们也从来不会说它是在描述某物。当然在我们说话的过程中我们很少关注正确性这个问题，仅仅当我们变得不确定并开始深入考察词语问题时我们才会关注它。但是实际上我们时刻都回应着正确性，正因如此，我们才能总是意识到我们说错话的可能性。当我们说到“敏感性”时，我们想要表达的正是这种非焦点化的反应。

当我们采用二阶立场，追问我们用以辨识/描述事物的语词是否合适时，也就是说当我们反思我们以前的思想的“理性根据”时，这种非焦点化的敏感性就会变得明显和关键。换句话说，对语言来说至关重要的赫尔德式的“反思性”立场，乃是麦克道威尔“概念能力”的核心。因而，如果我们能够观察一下语言在日常经验中的位置，那么我们就有望能够找到区分开我们和麦克道威尔的问题。我们将在第2节返回这点。

1

可是，仍然晦暗不明的是我们之间的差别究竟何在。我们看上去是在自说自话。在双方长期有趣的争论——近来已经形成一部相关的评论性文集[18]——之后，麦克道威尔在对德雷福斯的回应中拒绝了以下看法：他没有为被我们视为前概念事项之范例的投入性操作保留任何空间。与此相反，麦克道威尔争辩说，德雷福斯似乎认为只有当我们跳出我们正在做的事情，保持距离并对其加以反思时概念才会起作用。可是这并非关键。他完全接受投入性操作现象，只不过他把它 80
（人类具有的而非无理性动物具有的）同样视为概念能力的一种运作。并且，他将德雷福斯视为“超然心灵之神话”的受害者，这一神话认为概念思维只有在一种超然的态度中才能发生。[19]

我们可以这样来理解这一争论：它涉及的仅仅是我们对“概念”这一概念的界定有所不同，即我们在上一部分结束时提到的那种可能性。这就将这个问题等同成了一个任意的语义学问题。但是远不止这些。麦克道威尔似乎接受我们在讨论无理性动物行为时提到的那种原概念。不过他仍坚持认为，任何人类活动不管看上去与某种形式的动物行为多么相像，它都是概念性的。

他相信，我们是概念性的行动者，因为甚至是在最具投入性的操作活动中，比如比赛中的棋师或正用锤子凿钉子的建筑工人，当被问起“你正在做什么?”或“你为什么做那个?”时，我们都能够给予回答。回答可能是非常简短的，当然也需要中断活动来做出回答，但是这些回答（卷入在行动或理由的概念之中）表明了一直都是概念性的那种东西。

然而，麦克道威尔承认，在某些情况下人们可能无法得到答复。他举了一个德雷福斯经常提及的例子[20]，即人们对在谈话中与对话者保持何种距离所具有的直觉的例子。这一距离可以根据谈话中的亲密性或礼节而变动，并且整个距离及其所适应的状态会随着文化的不同而改变。但是总会有一种对适当性的意识，人们可以通过后退（当对话者无意识地靠近时）或前倾（在非常亲密的情况中）来调整这种适当性。

我们可以试想，当在谈话中我的对话者后退了一点，我问他："你为什么后退?"这就有可能是个让人不舒服的问题，因为我感到被冷落了，认为他拒绝了那种我设想的两人之间的亲密性；但是它也有
81 可能只是无心的一问。假如对方回答说："是吗，我那样做了吗?"[21]这里仍然可以做出不同的理解：也许他意识到了冷落，因而想掩盖它以避免窘迫；但是也有可能是他并没有意识到冷落，并且确实没有注意到他的动作，他仅仅后退了一点而已。对于麦克道威尔来说，这种情况不会影响他关于概念性行动者的广泛性的论题，因为它表明被考虑的这一活动根本不是一个行动，因而在行动的意义上并不会构成广泛性论题的反例。

然而，这点对我们而言却是个方便法门。某些人可能确实没有意识到他们的做法，但是这一行为必须被认为是规范化的，由对适当性的意识约束着的。如果人们确实没有意识到这点，他们可以通过别人指出而意识到这点。难道只有在行动者开始意识到他们在做什么时这一行为才会成为行动吗？也许并非如此。这一行为始终是由同样的考虑来引导的。

不过，这一事例可以表明我们在这里观点相左的症结所在。关于行动可以有很多描述。其中之一允许我们对我们正在做的事情有所意识，而其他的描述则不然。如果后退的那个人回答说："我那样做了吗?"他不太可能是完全真诚的，最低限度地讲，他感到某些不适，后退一点以便缓解这种不适。但是他有可能真的不了解这一文化中约束着我们行为的适当距离的整个范围。而且，对于引发这一行为的我来说，我可能是非常不敏感的。如果我的谈话者径直回答说："你使我感到不自在"，我可以事后向他解释说："事实上我做的没错，表现出兴趣但又不会显得过于纠缠"，因而强烈拒绝承认关于站立距离的

复杂规范性——我刚违反了这种规范性——的意识。

我们不仅能够有区别地意识到不同描述中的行动，还能够扩展（或在去敏感化的情况中，缩小）我们的意识将迄今为止未被怀疑的层面纳入进来。正常情况下，我们经常是在做 Y 的过程中完成 X；在 t 时，我们仅能够承认 X，但是如果我们的意识得到扩展，我们就能够对我们的行动者身份获得更加全面的把握，由此也就包含了 Y。 82
这种对层次的区分能否用来回应麦克道威尔和我们在关于投入性操作的看法上存在的分歧？

在检视这一问题之前，我们可以看看另一事例，它来自德雷福斯的文章，该文收录在近来关于麦克道威尔-德雷福斯之争的著作中。[22] 这一事例源自海德格尔，描画对象是当他讲课时用来写字的但被不当放置的黑板。[23]

首先，与麦克道威尔相似，海德格尔点明并弃置了传统的去处境化的概念性："作为一个简单陈述的例子，我们还是选取'这块板是黑的'这句话……我们立刻就会感到，这句话可以说已经为逻辑学或语法学做好了准备。"[24] 因而他将一个由投入性操作者做出的论断作为他的分析范例："以更加自然的方式，更加简单地仿佛自发地说出来的东西……'黑板不好用'。"[25]

接着，海德格尔开始给出关于在《存在与时间》中被称为不上手经验的一种解释："不好用是对于那些坐在教室另一面的人来说，或者，不好用是对于那些教师，对于那些书写者来说，他们每次都必须走到黑板这里，而不是方便地挂在他后面。因此，不好用的状况不是黑板本身的某种规定性，就像其黑颜色或其宽度和高度那样，而只是一种与我们相关的规定性，我们恰恰在这里才有这种规定性。黑板的这种规定性，其不好用的性状，因而绝非所谓的客观性质，而是与主体相关。"[26]

但是对于海德格尔来说，这种有可能符合麦克道威尔关于事实及其判断之观点的解释仍然太传统了。看上去像是在反对麦克道威尔的看法，海德格尔继续说道："（然而）黑板并不是如这种草率的解释所 83

认为的那样，不利地处在与我们这些实际上出现在这里的人的关联中，而是说，黑板不利地处在这间教室里。只是，如果我们不过多指望这间教室并将其想象成舞厅，那么黑板就会很好地待在角落里，不碍事。”[27]

海德格尔进而引入了我们生活于其中的熟练的亲熟性——这种亲熟性要想发挥作用，必须保持在背景之中：“我们根本上是从教室的敞开状态出发，体验到黑板的不利状况，恰恰是教室的这种敞开——在其中黑板不好用，根本不会明确出现在陈述中，通过‘黑板不好用’这句话，我们首先体会不到教室的敞开状态，而它是我们判断所指的黑板根本上得以存在的可能性条件。”[28]

教室作为一个充满意义的小世界而显现得益于我们通过经年的出入课堂经验而建立起来的那种积累性技能。正是这种知道-如何使我们在教室之中有所定位并能处理其中的各项事物。在海德格尔的例子中，教室的显现是对黑板的位置做出命题性判断的可能性条件。运行着的背景操作使黑板被放错了位置这一判断成为可能。并且海德格尔继续指出，这种背景亲熟性是整体性的和非命题性的：“对陈述的这种解释之关键在于，我们不会对着一个孤立的客体做判断，而是说，在这个判断中，我们说出了这个已经体验到的、熟悉的、我们称之为教室的整体。”[29] 当我们做出判断说黑板被放错了位置时，我们被拉入其中的那个整体力量并不是由我们可以把语言片段附加于其上的命题性结构组成的。

海德格尔强调了这种整体性的知道-如何背景——他称之为理解——的非概念性：“为了去经验存在者其本身向来是什么或如何存在，作为其所是的存在者存在着，我们恰恰必须——即使不是抽象的，已经领会了诸如存在者之是什么和如此这般存在之类的东西。”[30]

84 那么，使该情况就是如此如此这一判断得以可能的背景性条件必然是已经在广泛运行着的。麦克道威尔和海德格尔都会同意这点。但是当涉及对于一个诸如“黑板被放错了位置”这样的判断来说，这些先天条件存在于何处以及它们揭示了什么这样的问题时，两人之间的区别就出现了。对于麦克道威尔而言，做出判断需要运作着的概念，这样的概念符合于一种命题性结构化的事实整体。对于海德格尔而言，需要的是非概念性的操作技能，它能够敞开一个事物在其中可以显现其所是和如何是的空间。在敞开一个整体性背景的过程中，通过在它里面来定位我们自身，我们不是汲汲于获得对独立客观的实在之正确理解的主体，而是被投入一个力的场域，它要求我们保持操作运转，就像飞行员平稳飞行那样。因为在这样的活动中不存在心灵与世界之间的距离，因而也无须概念内容来调节心灵与世界之间的关系。

与我们前面举过的谈话距离的例子一样，我们在这里可以说某人会意识到黑板被放错地方了。我走过去移动黑板，你可能会问我为什么要移动它，我会说它放错地方了。但是我不可能将海德格尔说过的所有那些深层的理由都讲出来，这些理由是我的事物感的一部分，后者从属于我作为一名教师所具有的操作技能。在我的知道-如何中，对这些理由的领会是本质性构件。正如海德格尔在这里做的那样，我并没有讲到那些具有解释作用的概念。在某一层面上，我移动黑板的行动是根据一种概念化理由（它被放错了位置）做出的；在另一层面上，我则是前概念地回应着这一充满意义的小世界。

在我们双方之间这样摆明问题保证了前概念事项的位置，因为我们的行动几乎总是有很多层面，在这些层面中我们回应的是非明确化的特征。正如我们通过做 Y 来完成 X，但是并不会经常提及 Y；即便提及 Y，对 Y 的关注也可能会打断完成 X 的进程。

2

因而，我们清楚的是，在我们的日常世界中，在对周围环境的日常把握中，前反思事项占有重要位置，它们建立起一种与周围环境之间的平衡，我们在第三章跟随梅洛-庞蒂对其做过描述。事实上在这 85
个位置中包含两种模式的前反思性理解：一种是前语言性的，另一种是前命题性的。

先来看前语言性模式。当然，人类世界的大部分早已是可被语言性地加以表达的。我们在桌椅之间活动，在室外上车，奔向建筑物或实验室。但是在语言表达能力的范围能够被扩展的意义上讲却并非完全如此。孩童时期我每天会带着我的狗去远处的树林中探险。我们必须穿越一条小河，借助方便的石块跳过去。对此我没有合适的语词，甚至我也感觉不到需要找个语词。我们仅仅是跳跃着去到吸引我们的神秘的树林而已。然后我的堂兄来访，看着树林和河流，想要穿过去，问我有没有一些“踏脚石”。因为“石块”和“踏脚”已然是我掌握了的词汇，所以我马上就领会了他的意思。并且我还能够回答他的问题，因为我立刻意识到这是对那些河水中的帮助我穿过去的石块的正确称呼。多亏堂兄，这些沉默无声的助力者终于进入了语言维度之中。它们是以这种直接的、非问题化的方式进入语言维度的，因为当我熟练地运用它们以便顺利过河时我已经对其有所理解了。[31]

因而我马上回答说“有”。这样一种简单的回答与如下一种主张具有同等的效力：“有踏脚石可以帮助过河”。我具有一个命题形式的信念，可以在推理活动中被运用。比如，我能够通过指出如下一点来证成可以凭借这些石块过河：“我们这样到达对岸不会弄湿我们的衣服，因而也不会被伯母责备。”但是，我之所以能够拥有这一信念是因为我早就有了一种先于表达的、前语言的理解。在与堂兄的交流过程中，某些东西被从前反思领域转换到了语言领域。

这种转换意味着，这些石块在我的生命中开始以新的方式发生效用。以前它们只是在通往我的目的地的道路上被我一带而过的诸多事物中的一种，我很少注意到它们。现在，它们在我和堂兄的共同考虑中，在我们既想探险又不想被大人惩罚的考虑中，发挥着核心的效用。这就是语言带来的变化。

86 现在让我们再来看看前命题性模式。再次回到桌椅、门、汽车以及建筑物的世界。我穿过这些东西去工作，完全投入稍后就得面对的问题之中，也许是某些哲学问题，也许是我该如何对付我的主任，他/她一直因我未获批准就参加了一次会议而喋喋不休。在此期间，我正在熟练地驾车，避开行人和其他车辆、路灯等。在某种程度上，这些东西在我的世界中的运作几乎就像上面在更具语言能力的堂兄到来之前那些踏脚石在男孩的世界中的运作一样。我根本没有关注它们；我只是在熟练地避开它们，就像男孩熟练地跳到又跳过石块那样。不同之处在于它们已经有为人熟知的名字了，它们是在我的由语言表达的世界中运作的。

然而，它们的运作仍然是前反思性的。因为在这里事物只是一晃而过；我熟练地与它们打交道，并没有针对它们做出任何判断。

再次地，就像在穿过河流的男孩的熟练操作活动中那样，被一晃而过的东西能够成为后来判断的基础，不过却是以一种不同的方式。当我到达办公室时，得知一名危险的狂热分子会出现。他开着一辆黄色的梅赛德斯。我看见了吗？我突然意识到自己看到了。五分钟前在格林大道上我看见一辆黄色的梅赛德斯（或者是一辆形状怪异的黄色汽车，很有可能是一辆梅赛德斯）。现在我形成了一个命题，制定出一个关于此世界的新信念：在八点五十五格林大道上有一辆黄色的梅赛德斯。我已做好准备打算将这点告知警察，他们据此会做诸种推论，并有希望在进一步的破坏活动发生之前抓住这名狂热分子。但是，形成这一有用信念的能力源自我对格林大道的熟悉，这种熟悉感是当我经过它时获得的，而不是通过制定关于它的命题或形成关于它的信念而获得的，相反，认为主任是个虚伪的白痴等则需要这些。

因而，在我们的推理活动中运作着的信念的确是判断或命题，关涉着概念。但是我们形成这些东西经常依靠的是诸种理解或对我们的前反思世界的各种熟悉感，不管是前语言意义上的前反思世界还是非判断或非命题意义上的前反思世界。在第一个例子中（男孩凭石块穿越河流），我们一开始根本没有一种语词或概念；在第二个例子中（开车去见主任），我们有相关概念，但是它不是用来做出判断的；我们还没有正式地据此概念辨认出这一对象，形成关于它的信念。但是在这两种情况中，我们都有所接收，持有能够在后来为信念提供根源的理解或熟悉感。

87 不过，这种前反思经验以何种方式并在多大程度上能够成为这样一种根源却是不同的。在后一种前命题性的情况中，我们能够在事后说出我们的所见，比如我能说我看见一辆黄色的汽车行驶在格林大道上，这并不需要调用新词汇，但是在踏脚石的例子中就需要运用新词汇。从这方面来看，它有点像麦克道威尔的投入性操作者的例子，比如棋师，他能够事后对为什么走象步立刻做出解释。这种前反思性符合麦克道威尔的解释，但是第一种情况却不符合。在第一种情况中，早期的经验只有在一种进一步的表达行为中才能帮助形成后来的判断。

现在我们能够看到知觉是如何反馈信念的。这之所以可能是因为知觉包含比信念更多的东西，它援引那些在信念形成层面背后独立运作着的认知性技能和理解。在约翰尼的例子中，所有这些是在一起运作的，因为我们要求他如此，他准确地援用这些技能以便形成关于图像的信念。但是在过河男孩和开车去见主任的男子的例子中，我们看到这些技能是分开发挥作用的，不过仍然能够事后帮助形成信念。

我们与麦克道威尔不同的地方在于何处？我们并非完全清楚在上面的段落中他会拒绝哪一点。当然我们和他都会承认，自婴儿期以后，我们人类就总是处于语言维度之中了；我们可能不会对任何一种事物都拥有词语（试想踩石过河的男孩），或者不会焦点化地关注很多早就被命名过的事物，但是我们总是能够创造新词语，或在事后重新获得对事物的焦点化意识。原则上讲我们（精神障碍者除外，并且需接受了一定的训练）能够批判地检视我们所有的经验。这点明确地将我们和动物区分开。即便在我们的行动看起来非常相似的情况下，也存在关键性的不同。我们可以比较一下：足球运动员在面对需要被突破的防御线时对可供性的意识以及狐狸在猎狗的追逐中对逃跑机会的寻找。对于足球运动员来说，他需要在意的一个关键的限制性特征就是场地周围的白线，越出该线的球都是无效的。在这里一种规范与对手的攻进共同作用建构起他的活动场域。在狐狸的世界中没有与此相似的地方。[32]

然而，我们不能忽视前语言事项与已经在语言中敞现的世界、焦 88
点化判断对象与它们处于其中的隐而不显的周围环境之间的区别，因为如果忽略这些区别的话有可能会错失甚至歪曲经验的关键特征。

甚至我们的焦点化判断，比如“这幅画挂歪了”，都依赖于对可供性的熟练把握，将这幅画和房间置于能够被最佳理解的状态之中，对此我们并没有相关的词语（或说一直到梅洛-庞蒂和托迪斯为我们分析了这种现象之后我们才有了合适的说法）。在这种对前概念事项的最终依赖中，包含着我们与其他没有 logos（我们可以翻译为“语言”或“理性”）的动物之间的亲缘关系。

3

在本章的进程中，我们解释了多种前语言的、未被注意的、清晰明确的知觉技能，基于此，我们现在能够对包含在开始与物理世界建立因果关联并形成一种得到证成的信念之中的熟练的知觉和行动的 11 个阶段做出完整的刻画。不消说，这些阶段平常是不会被行动者加以区别对待的。事实上，在某些情况中区分只是理论上的而非秩序分明的，比如阶段（2）与（3）之间以及偶尔还有（5）与（6）之间就是如此。通常只有在发生故障或异常事件的情况中，一个正在进行的活动被“延缓进行”，这时各阶段之间的区分才会显现出来。[33]

（1）知觉者（动物或人类）被拉向一个最佳位置以便接收来自物理世界中的事物的因果影响，不管这种事物是遥远的星辰还是近处的岩石。

（2）身体图式，我们对世界的前语言、前概念的亲熟感，与发生的未确定的经验相互作用，并将后者划分进图形-基底关系之中。

（3）视觉区域作为一个整体平衡着各种不同的力量线，习惯于一 89
种背景性光亮，并保持着它的亮度、颜色及持续性。

(4) 同时，知觉者被引导着移动以便获得对在可见区域内突显出来的对象的最佳了解。这些对象进而被经验为在一定距离之外的，有一定大小、形状、方位和颜色等属性的东西。

(5) 从知觉者这边来看，这种稳定的对象进而能够被信赖，并与行动的上手性联系起来。在无语言、无须专门关注的情况中，行动者能够将一块岩石当作提供支撑的东西来使用，将一个房屋当作能够进入的地方来使用，如此等等。

(6) 如果考虑到一种特殊的上手性，知觉对象的某些方面就会突显出来。比如说，脱颖而出的不是岩石的颜色，而是其稳固性，不是房屋的窗户，而是它的门，并且行动者仍无须语言的帮助就能敏锐地对这些特征做出回应。(因为某些回应是适当的而另一些有可能是不当的，因而行动的上手性尽管是前语言的，却可以被视为一种原信念，而作为结果的行动可以被视为一种原判断。)[34] 不消说，类似的情况在高等动物比如灵长类动物那里同样如此。

(7) 如果行动者处于语义学层面，那么对象或处境的那些突显方面就能够获得语言性的表达，或是被安置在概念之下。

(8) 过河者能够将岩石视为一种支撑，来访者能够将门视为入口。但是这种概念性的视-作仍然可以是前命题性的。

(9) 然而，一旦概念化，这种视-作就能激发信念的形成——在我们的例子中就是岩石是支撑，或门是入口。

(10) 考虑到上述认识论技能的顺利实施，这种信念一般会被认为是可靠的。

(11) 如果依此信念行事，产生此信念的身体-装置能够从世界中获得其所预期的效果，那么这一信念一般就会被认为是得到证成的。

90 仅凭这种前概念层面就能够把理由空间和因果空间联系起来，不愿接受这点的原因部分来自对中介图像的偏执，同时还来自那种理解语言的狭隘图像，这点与（我们这个时代中的）如下一种不断增长的确信结合在一起：对于思维而言语言是本质性的。这似乎没有为关于世界的前概念性信息、知识以及理解的可能性留有任何余地。只有前进到构造性图像那里，才有可能允诺一种将知觉、行动、理解、语言以及信念都结合起来的融贯性解释。

注释

[1] John McDowell, *Mind and World* (Cambridge, MA: Harvard University Press, 1993).

[2] 比如，当他说出下面的话时就是这样："但是，就一个判断借以被证明为正当的那些关系来说，除非我们将其理解为概念的空间之内的关系，即诸如'蕴含'或者'使……极有可能'这样的关系——它们均在诸概念能力的潜在的行使之间成立，否则，我们不可能真正理解它们。" Ibid., 7. [中译本：麦克道威尔，《心灵与世界》（新译本），韩林合译，27 页，北京：中国人民大学出版社，2014。——译者注] 其中这里提到的"行使"肯定是命题性的。

[3] Ibid., 5. [中译本：同上书，24 页。——译者注]

[4] Ibid., 6. [中译本：同上书，24-25 页。——译者注]

[5] Ibid., 8. [中译本：同上书，27 页。——译者注]

[6] Ibid., 61. [中译本：同上书，89 页。——译者注]

[7] 麦克道威尔的讨论非常接近于我们这里的观点，包括他对戴维森那篇文章的批评，甚至还包括他对相同的内容的引用：走出信念的不可能性，走出我们的皮肤的不可能性。Ibid., lecture 1, section 6. 戴维森方面的参考，见 *A Coherence Theory*, 307-319。

[8] Ibid., 5. [中译本：《心灵与世界》（新译本），23-24 页。——译者注]

[9] Ibid., 24. [中译本：同上书，46 页。——译者注]

[10] Ibid., 26. [中译本：同上书，48 页。——译者注]

[11] Ibid., 56. [中译本：同上书，83 页。——译者注]

[12] Ibid., 9. [中译本：同上书，29 页。——译者注]

[13] Ibid., 32. [中译本：同上书，56 页。——译者注]

［14］Ibid.，5.［中译本：同上书，24 页。——译者注］

［15］Michael Polanyi. *Personal Knowledge*（Chicago：University of Chicago Press，1958）.

［16］这是我们和麦克道威尔出现分歧的另一个地方。麦克道威尔自然会明确区分我们和动物之间不同的拥有“对于环境的特征的知觉敏感性”的方式，“我们可以说存在着两类知觉敏感性：一为弥漫着自发性的知觉敏感性，一为独立于自发性的知觉敏感性”（ibid.，69，64.［中译本：《心灵与世界》（新译本），98、92 页。——译者注］）。在某种意义上这是正确的，对语言维度的（如我们下面解释的）考虑改变了整个游戏。但是我们构思这一问题的方式能够允许大量重叠的存在，它们看上去是不可否认的。

［17］Ibid.，47.［中译本：同上书，73 页。——译者注］

［18］见 Joseph K. Schear，ed.，*Mind，Reason，and Being-in-the-World：The McDowell-Dreyfus Debate*（Abingdon，Oxon：Routledge，2013）。

［19］见“The Myth of the Mind as Detached”，ibid.，41－58。

［20］可见 Hubert Dreyfus，“The Primacy of Phenomenology over Logical Analysis”，*Philosophical Topics* 27，no. 2（2000）：3－24。

［21］麦克道威尔所构想的回答是：“哦，是吗？我没有意识到。”*Mind and World*，13.

［22］Hubert Dreyfus，“The Myth of the Pervasiveness of the Mental”，in Schear，ed.，*Mind，Reason，and Being-in-the-World*，15－40.

［23］在此关键处为了避免误解，我们需要记住我们称为熟练操作的东西在海德格尔那里被称为“理解”。他说：“在我们说‘他理解与人打交道’‘他懂得谈话’这样的意义上，我们也使用了在日常谈论中的理解。在此，理解所指的意思就恰如‘能够’。”Martin Heidegger，*History of the Concept of Time*，trans. Theodore Kisiel（Bloomington：Indiana University Press，1985），298.［中译本：海

德格尔，《时间概念史导论》，欧东明译，414 页，北京：商务印书馆，2009。——译者注]

[24] Martin Heidegger, *The Fundamental Concepts of Metaphysics: World, Finitude, Solitude*, trans. William McNeill and Nicholas Walker (Bloomington: Indiana University Press, 1995), 343. [中译本：海德格尔，《形而上学的基本概念：世界-有限性-孤独性》，赵卫国译，490-491 页，北京：商务印书馆，2017。——译者注]

[25] Ibid. [中译本：同上书，491 页。——译者注]

[26] Ibid., 344. [中译本：同上。——译者注]

[27] Ibid. [中译本：同上书，492 页。——译者注]

[28] Ibid., 345. [中译本：同上书，493 页。——译者注]

[29] Ibid., 347. [中译本：同上书，495 页。——译者注]

[30] Ibid., 357. [中译本：同上书，510 页。——译者注]

[31] 对该语言维度的更深入的研究，可见 Charles Taylor, "The Importance of Herder", *Philosophical Arguments* (Cambridge, MA: Harvard University Press, 1995), chapter 5。

[32] 这个例子归功于特里·平卡德（私下谈话）。

[33] 当然这是一种抽象的结果，因为我们开始于一个独白式主体——从这方面来看，第二章中约翰尼的例子就非常特别：它出自一个**对话**；约翰尼被告知进去检查一下那幅画。但是在这里，由于认识论传统的歪曲，我们对那种讨论这些问题的高度独白式的方式做出了回应。我们将在第六章再明确地提出这一问题。

[34] Todes, *Body and World*.

第五章　具身理解

91 因而，一旦我们通过持续跟随元批判转向解构掉中介图像，出现的替代性选择就是一种关于嵌入在社会之中的、切入世界的具身行动者的图像。这一观点并不是说，这些嵌入性或具身性等恰好是认知主体的属性，而这种认知主体与其知识的本质或缘起毫无关联。与此相反，比如说，我们是具身存在这一主张的内涵根本不同于机械还原论者的主张，他们声称要用神经生理学的运作来解释思维活动，例如也许是在大脑和神经系统这些“硬件”中得以展开的运算活动。这种解释并没有触动中介图像主张的知识的本质，比如，知识仍然被认为存在于被持以为真的句子之中，或者是存在于句子在大脑内的“实现”之中。说到底，这些句子与大量的神经事实有关，而非与人类意义有关。

当我们指出，海德格尔、维特根斯坦和梅洛-庞蒂力图恢复对行动者作为处身性的，嵌入文化、生活形式、因缘联络的“世界”之中的行动者，最终说来是作为具身行动者的理解时，我们想表达的是与
92 上面那种解释完全不同的东西。这里说的“处身”意味着什么呢？它指的是：行动者的世界是由其生活形式、历史或身体性存在塑造的。

我们会在第六章继续深入探讨这点。

我们关于那幅束缚我们的图像的主张是说，主导性的中介主义观点清除掉了这种处身，将我们自身理解为不处身的思想者。当说这一观点是“主导性的”时，我们想到的不仅仅是那些在近代哲学传统中影响颇大的理论，还有那种在某种程度上可以说已经渗入我们的常识之中的一般观点。这为我们提供了这样一幅有关行动者的图像：在对世界的知觉过程中他/她从周围环境那里吸收信息“片段”，进而以某种方式对其进行“加工”，以便使其以他/她的世界之“图像”的形式表现出来，之后个体开始以此图像为基础展开活动，通过对手段和目的的“演算”来实现他/她的目标。

这一观点的流行从属于一个更大的氛围，即在我们这个时代理解心灵的计算机模式已然为大众所接受。这些模式正好完全符合那些已有的范畴。“信息加工”这种说法建立在一个更早的得到长期支持的概念之上，借此概念，原子式的“观念”被整合进心灵之中，并被视为左右行动的考量的基础。[1] 古典笛卡儿式的认识论和经验主义认识论为我们提供了这一概念的早期形态，即将有关输入的原子主义与有关精神功能的计算机主义图像结合起来。这两者在一起共同支配着第三个特征：“事实的”信息与其“价值”不同，后者指的是其对于我们的目的而言的相关性。原子主义要求这种区分，因为单纯的“事实”特征为了能够被计算通透必须区别于它们对于我们的目标而言所具有的相关作用。此外，这一区分同时还被另一潜在的动机所要求，即为了符合不处身的自然科学的诸种要求，从本然的立场来看待世界。无论如何，这种复杂的传统概念还有第三个特征，我们称之为“中性”，由此原始的信息输入被剥夺了评价属性，成为简单的“事实”的登记。

目前从某些方面来看，这一观点在我们的（不管何种）文明中的 93
常识那里有其根源，它可以追溯到近代之前。但是从另外一些重要的方面来看，这一概念则是借助我们所谓的中介性理解，尤其是前面提及的第四个特征，即我们称之为“二元秩序”的东西而得以成形和确立的。其实，我们在第一章中对笛卡儿认识论与现代心灵还原论之间的派生关系已有所提示。

现在，用处身的或嵌入性的图像来代替上述理解模式会涉及一个非常重要的变化。我们从中介图像转移到接触图像。我们对事物的把握不是某种内在于我们的、与世界相对的东西；而是存在于我们与世界接触的方式之中，存在于我们的在-世界-之中-存在（海德格尔）或朝向-世界-而在（梅洛-庞蒂）之中。这就是为什么说对事物之存在（世界存在吗?）的全球性怀疑，虽然在表象主义的理解中看起来相当合理，但是一旦真实采纳了反基础主义路径，就会变得矛盾重重的原因。我可以怀疑我与世界打交道的某些方式是否曲解了相关事物：我的远距离知觉是不对称的，对某个话题或团体的过分投入会使我变得狭隘，对自身理解的固执使我无法看到真正重要的东西。但是，所有这些疑虑只有基于作为我的因缘联络之整个场所的世界这一背景才是可能的。如果没有先行领会原初焦虑的意义，其只有基于这一背景才有可能，那么我就无法严肃地进行上述怀疑。[2]

我们谈到一种接触图像。那么接触存在于何处？它存在于如下事实中：在最基本的前概念层面，我所拥有的对世界的理解并非是简单地由我自己来构造或决定的。它是我与世界之间的“共同结果”。这就是以下说法的实质：我们在这个层面对世界的把握并不存在于我们之中，而是存在于我们与事物打交道时的互动和间隙之中。我拿起这个杯子，举起来喝水。借用吉布森的表达，它在这里为我提供的“可供性”仅仅是其诸多特征中的一种，正是在这种意义上我此时对杯子的把捉是局部性的、限制性的。但是虽然是局部性的、限制性的，以
94 另一种方式来看它却是不可动摇的、坚实的。对此，一个怀疑论者在这里会说什么呢？也许他/她能够找到的唯一的同时也是最终的反驳就是设想我可能正在做梦。正像我们在第一章说过的那样，我们对这一挑战之影响的评估依赖于我们对醒着时的理解。

不过，我们在这里关注的重点在于，怀疑论的反驳其实挑出了这样一个问题：我是否真的在与某物打交道，所有这些事物是否仅是一

个梦。但是，不那么过分的怀疑最终都会消失。当我拿起这个杯子并用它来喝水时，它具有“拿起和喝”的可供性。这是因为在我拿起杯子的过程中，在我与这一物件的互动之中，这种可供性向我显现出来。这并非是我自己捏造的一个观念，也不是我心灵之中的一种“印象”，可以随着或不随着其外部原因一同出现。这是由我和杯子在互动过程中“共同产生”的某种东西。

在更高级的科学层面，我们总是会处理那些被证明是错误的关于实在的表象，并且，某些好的科学方法总是能够意识到这点。事实上，任何成形的信念都有可能会出错，甚至关于如上那些可供性的信念也会如此，因为我们经常会讲错。但是，在我们把握事物的非常原初的那个层面，确实有一种接触弥合了“主体”与“客体”之间的裂隙，并表明这些用语最终说来是不合适的。

因而，在我们这个时代中的两种思维方向之间存在着一个很深的分歧，这两种方向都宣称正在解构传统认识论。某些人认为我们真正应该反对的仅仅是基础主义，即“从头至尾彻底”提供一种关于知识的令人信服的构造的企图。他们认为可以根据奎因的整体论根基或其他接近传统怀疑论的立场来证明这一企图的不可能性。但是他们却想要留在我们称之为中介主义的东西那里，即认为行动者的知识是与世界分离的。

对于其他人（我们也在其中）而言，解构笛卡儿主义过程中的趣事就是这种“主体”图像的降级。认为在不参考其世界的情况下就能够给出一种关于行动者的状态描述（或在不考虑行动者的情况下就能够对世界之为世界做出描述）的想法是非常错误的。如果知识是“内在于”“主体”的，那么这样的描述就有可能成立，然而并不如此。对事物的把握存在于接触和互动之中，并且如果仅仅从行动者的角度来看问题，这种互动就是无法被描述的。

与上面提到的那四个特征并列，关于我们能够单独给出一种关于行动者的状态描述的信念甚至可以被视为中介图像的第五个标准特征。我们可以将其看作“认识论的第五个教条”。但是我们没有必要 95

复杂化这种有缺陷的图像的标识。这第五个特征明显能够融合进其他四个特征之中。

1[①]

我们刚才总结了一下我们关于在世界之中的行动者的接触性或互动性观点。现象学讨论看上去是令人信服的。但是人们经常想要回应说这些讨论仅仅是**现象**学的。它们告诉我们事物如何显现，但是却没有关心事物的真实存在方式。毕竟，自伽利略以降，我们都习惯于认为显像具有欺骗性：太阳并非真的沉落在地平线以下；一旦我们停止推动，手推车自然会停下来，但是这并不意味着所有的运动物体都需要一种持续的推力来保持运行。这里也是如此：在心灵与世界之间**看上去**也确实没有任何中介元素。在这方面，现代理论不同于旧的经验主义，后者似乎主张细心的观察揭示出意识的原初对象是我们的"印象"或"观念"。但是，从另一方面来看，这些现代理论又返回到一种关于经验的潜在的唯物主义解释上去了，在这种解释中它完全依赖某些另一种意义上的内在状态：在有机体之内而非在心灵之内，却是与外部世界相分离的。

因而，比如说在我倾向于认为我在家乡闲逛的能力不存在于我的心灵之中，甚至也不是仅仅存在于我的身体之中，而是存在于我在街道上-走动的-活动着的-身体之中时，一种颇有影响的当代思维理论模式可能会主张说这种能力是被编码在大脑之中的，它是我的大脑所具有的某种东西，甚至它都能存活于一个缸皿之中，与街道或城市毫无接触。这种观点得到了比如约翰·塞尔等人的认同，他强烈支持缸中之脑的假说，认为即便我们就是缸中之脑，我们仍然能够拥有现在所拥有的所有意识经验。事实上，塞尔大概是这样来论证的：毕竟，

① 原书只有"1"节。——译者注

我们本来**就是**缸中之脑——只不过在我们这里缸皿成了头盖骨。因而，我们的实际处境为什么不能被电影《黑客帝国》中的那种描述所替代呢？在这部电影中，不幸之人的整个身体组织都被限制在缸皿之中，他们的大脑被某种输入输出关联供养，这种关联能够保证让他们 96
具有自己正活生生地在一个有其他同伴存在的地方闲逛的意识经验。因而，对于真实的正常的生活而言，他们的生活在某些方面就像一个梦。

然而，肯定有人会反对说，我们无法与存在于黑客帝国中的那些意向客体有真实的接触。与我们的正常生活相同的那些东西其实是大脑状态方面的相似性。如果大脑状态在两种情况中是完全相同的，那么我们肯定能够说，甚至是在正常生活的情况下，在有恰当的输入-输出关联的情况下，我们闲逛的能力全部被编码在我们的大脑之中。

需要注意的是，这种反思其实符合中介理论中的一种标准论证，即所谓的“错觉论证”。这种论证一般是这样进行的：存在很多错觉，比如我们认为我们看到一条蛇，但其实只是一根绳子；我们认为我们看到一片绿洲，但其实只是一片沙漠；如此等等。现在可以肯定的是，如果我们被愚弄了，我们主观的视觉经验在有错觉的地方和在真实知觉的地方必然是完全相同的。因而，即便是正常情况，也是由一种内部经验和真实回应它的外部对象构成的。当我们经历错觉时，不在场的是后者。

这一论证迫使我们将正常处境看作中介性的，即我们与世界的接触是通过某些内部状态达成的。这正是缸-中-之-脑方案要做的事情。如果黑客帝国中的人们确实能够拥有我们正常生活中的经验，虽然是被浸泡在缸皿之中不断地被电脉冲刺激，那么可以肯定的是这一经验依赖于这些作为输入的电脉冲，并且只是间接地依赖于那些相应的、被信任的能够产生脉冲的真实事物，而就我们的所知来看，这些真实的事物又是由缸中身体的控制者来安排的。

缸-中-之-脑假说给我们带来的挑战是这样的：当我们都知道不存在曾经相信存在的世界时，当对于存在这样一个世界的经验能够根据一系列的大脑状态得到充分解释时，那么我们如何还能说闲逛的能力存在于身体与世界之间呢？

初看起来，想要回应这种反驳并不容易。关于我们有可能真的处于黑客帝国那种境地的假设有点像极端怀疑论的猜想，即我们整个的生活都有可能是一个梦，笛卡儿曾考虑过这种猜想。我们可以回到我
97 们的实际经验来回应这种反驳，明了有些事情只有在与世界中的实际事物进行互动的过程中才能被做成，比如在家乡从 A 地到 B 地，或者是系个领结。我们无法通过画一个地图或给出一些指导来完成，也就是说无法通过给出关于要做之事的表象来完成某事。因而，我只能站在你身后并根据自己打领结的方式来帮你在脖子处系领带。我无法向你解释它，或给你绘制一个动作图解，更不能在没有领带的情况下摆出某些假动作。从现象学来看，这种能力存在于我与对象之间。

不过对手可能会反驳说：虽然能力仅在实行中被运用，但是它必然依赖于某些大脑条件。当然，在现实生活中，通过在某位对其有相似的默会把握的老师的指导下，这种条件能够以常见的学习、测试、错误或练习等样式表现出来。但很有可能，它还可以以其他的方式被引出——比如在电影中崔妮蒂学习驾驶直升机的方式。

对此我们的回应是：这取决于“可能”一词到底意味着什么。该词有强弱两种意义。就弱的意义而言，根据我们所知，我们可以在对于事物的发生来说不存在障碍的地方说某物是可能的。在这种意义上我们可以判定时间旅行是可能的，因为关于时间还存在很多我们尚未充分理解的东西。但是，就强的意义而言，我们很容易指出在实际情况中时间旅行是不可能的，事物在我们世界中运作的方式排除了这种可能性。

缸-中-之-脑假说，即这样一种观念：一系列相关的感觉运动脉冲，不管其是如何产生的，是我们拥有与时空世界打交道的意识经验的充分条件。这些显然只有在弱的意义上才是可能的，在实际情况中是行不通的。

让我们来看看某些明显的考虑。事实上我们关于意识经验在实际

情况中随附于身体状态和行动的方式知之甚少，甚至根本就不了解。那么是什么向我们担保说意识经验所随附于的身体条件仅仅是一种大脑状态，而不是比如说大脑和神经系统，或者在整个身体中的大脑呢？它们是否需要在其环境之中的活动着的身体？塞尔等人偏爱的这种稳妥的确定性，即意识经验的充分条件必然仅存在于大脑之中，无疑是在其工作中仍然活跃着的笛卡儿主义残余——一种他们还没有出离的无意识的先天。

事实上，近来对幼儿神经连接大脑以及大脑中的神经连接之形成的研究表明，其中的连接线索是由他们想要在世界中玩耍、抓取事物、看事物、完成他们想要完成的事情，并最终能够顺利地完成所有这些事情来塑造的。[3] 现在似乎开始看到，缸-中-之-脑假说与有机存在物的世界的实际运转方式非常不协调。 98

一种类似的先天似乎侵入了我们视之为缸-中-之-脑假说样板的错觉论证之中。正如我们之前看到的那样，这些论证都假定在错觉情况中一定会有一种非常接近真实知觉之经验的主观经验。但是确实如此吗？

比如说，某人昨晚做梦梦见他们与约瑟夫·斯大林谈话。一个恐怖的经验，但是它真的与真实拜访这位住在克里姆林宫的独裁者一样吗？来重新看一下梦的序列：就在谈话之前，我在蒙特利尔的家中；在谈话过程中我的对话者变形为一个具体的令人厌恶的学系同事。从醒后意识的批判眼光来看，这一序列的逼真度是非常低的。要想让我能够感受到那种与真实事物相遇时的震颤，需要紧密相序的、非批判的梦之流动。错觉依赖更多的是这点而非与真实经验相似的内容。正像梅洛-庞蒂指出的那样，某些幻觉同样如此。[4]

在这些论证和缸-中-之-脑假说中，都假定存在某个 X——有时是主观经验的状态，有时是大脑冲动的条件，这个 X 非常接近于真实与错觉之间的东西。但是经过考察会发现，这是远非必要的事情。必然性的意识是由中介 Bild（图像）投下的一个错觉。

我们需要将这种先天放置一边。但是，没有什么能够阻止一个更具经验性心智的塞尔，在其残余的笛卡儿直觉的推动下去断定：最终，研究会表明缸-中-之-脑假说是正确的；而被操作能力存在于行动者与世界之间的方式所触动的我们，会倾向于断定我们需要整个的
99 在-世界-之中的-行动者来复制经验。我们的意思是，尽管当前神经科学提供了经验的大脑基础方面的有力证据，但这只给我们提供了必要的因果条件；而充分条件则需要一个在处境中打着交道的行动者。

因此该如何思考这些假说，尤其是《黑客帝国》中的场景呢？我们已经提供过一个关于接触理论的强有力的现象学案例，在其中我们必须把自身看作是与世界打交道的，因而我们的经验和施为所居留的场所并不是简单地在我们内部。这些场景可以被视为对我们的普通意识的挑战。它们将我们牢牢地置于一个孤立不依的世界之中，而那种处境本身有可能是一个纯粹的显像，一个纯粹的内在衍生的东西。

这能影响到我们吗？我们详细阐明的那种观点说的是我们与世界有所接触，全面地说就是：虽然我们可能在关于事物的至今未被怀疑过的具体观点上出错，但是这一错误却是被置于一种对我们处境的普遍把握之中的，而这样的把握不可能是全部错误的，并且它还经常提供一些我们需要的对事物的把捉以便来修正我们的观点。从某种意义上来说，《黑客帝国》中的场景将这种局部性错误的可能性推到了它的极限处，即威胁将这种错误扩展成全面性的。

黑客帝国中的居民所遇到的那种错误中的被限制的东西指的是，他们与从缸皿中解放出来的人们共享着同一个世界结构：我们是处于其他行动者中间的行动者，存在于一个共享的、无差别地刺激着我们的世界之中。而且，正像我们在第四章中引用的那样，我们对事物的接纳被麦克道威尔描述为：我们将自身看作是向着实在的布局开放的；我们将自己对事物的接纳看作是由实在刺激我们引起的；我们的知觉的因果基础和知觉的对象是重叠的。（当然，这里说的“因果基础”不是指古典经验主义追求的那种纯粹的被动接受。我们向来是主动地来解释世界的，但是我们会把这种解释的结果视为对实在之物的回应，在这种意义上可以说是因果地依赖于它的。）真实的世界与黑

客帝国中的世界的差别在于，这种对事物的接纳对于前者而言是正确的，而对于后者而言是错误的。在黑客帝国中，看上去我们对一辆汽车的知觉因果地依赖于真的有一辆汽车摆在那里，但是实际上它是因果地依赖于程序员将某些感觉脉冲输入我们的大脑之中。

然而，这可能只是关于这一特殊电影情节的一个事实；可以再设
想，比如程序员想让我们像恐龙或老鼠那样知觉。再次地，一种弱的 100
可能性接近了某种界限，在这里它可能违背真实的可能性。一个在解剖学和生物学意义上都属于人类范围的东西真的能把自己看作一只蜥蜴吗——至少是在任何其他的意义上，除了一个梦境序列有可能用关于我们自身的这种感觉来吓到我们这种弱的意义？这里我们仍然缺乏关于确定界限到底是什么的知识，但是明显地，这些界限是严格的。我们也许能够被引导着做一场有关蜥蜴的奇幻之梦，并且在我们的缸中生存中，我们不可能觉醒以获得一个批判性的立场来发现这只是一场奇幻之梦，但是这并不意味着经历某种在经验意义上与真实事物不可分的东西。

关于所有这些我们该如何评论呢？在某种程度上可以这样说：电影《黑客帝国》的场景，在一个看似合理的界限之内，在一定意义上仍然包含一种对真实世界之情形的真实把握，至少在经验的结构特征这点上是这样。但是这不能被认为是一个非常有意义的主张，因为黑客帝国中居民生活的所有细节都是假的。不过，正像我们前面讨论过的那样，电影《黑客帝国》的构想是否真实可能，这点并不是很清楚。并且即便是清楚和可能的，我们也只能在一个框架之中来设想它，这个框架结构性地提供了“觉醒”到真实世界的可能性。我们前面引用过的梅洛-庞蒂的那句格言——“问世界是不是实在的，就是不理解人们所说的”（se demander si le monde est rérl，cc n’cst pas entendre ce que l’ on dit）[5] ——即便在这里也是正确的，虽然是在一种比他想的更弱的意义上：一个在结构上与我们的世界类似的世界，程序员的世界，必须预先存在以便剧本构想能够实施。

所有这些的意义是什么呢？明显的是，对于我们的接触理论来

说，缸-中-之-脑或黑客帝国的情节只提供了非常脆弱的和难以置信的反驳。并且即便能够证明在我们与世界的联系后面所有的加工活动事实上都是在**大脑**之中来完成的，那也不会表示关于**心灵**的笛卡儿式表象主义观点得到了确证。非中介的现象学，我们与世界之间的直接接触，仍然未被动摇。

一般而言，我们需要反对我们思维中的笛卡儿残余，它使我们认为大脑-进程为我们与世界的关系奠基这一事实支持着中介主义及随
101 其衍生的全球性怀疑论。在对世界的经验中存在一种因果基础——不管这一基础是在大脑之中，在身体之中，还是在具身行动者与处境之间的整个互动之中——这一事实并不支持一种中介叙事。与整个笛卡儿传统相反，重要的是要意识到潜在的因果进程并不横亘在我们和世界之间，而是使我们与世界之间的直接接触成为可能的东西。

并且事实上，正像我们在这里提示的现象学所表明的那样，似乎越来越有可能的情况是，与实在直接碰面的充分条件能够在整个有机物与世界之间的互动中被发现。[6] 像迈克尔・惠勒指出的那样："在其原生形态中，具身-嵌入性方法以如下一种思想为其主要内容：认知科学需要将认知回置进大脑之中，将大脑回置进身体之中，将身体回置进世界之中。"[7]

注释

[1] 人工智能研究者将这种关于思维和行动的理性主义模式列为一个研究项目。该项目的失败严重影响了这整个解释模式。可见 Hubert Dreyfus，*What Computers Still Can't Do*（Cambridge，MA：MIT Press，1992）。

[2] "问世界是不是实在的，就是不理解人们所说的"（*Se demander si le monde est reel, ce n'est pas entendre ce que l'on dit*）. Maurice Merleau-Ponty，*Phénoménologie de la Perception*（Paris：Gallimard，1945），396。[中译本：《知觉现象学》，434 页。——译者注]

[3] 可见 Alva Noë，*Out of Our Heads*（New York：Hill & Wang，

2009）。

［4］见 Merleau-Ponty，*Phénoménologie de la Perception*。

［5］Ibid.，396.［中译本：《知觉现象学》，434页。——译者注］

［6］一种对大脑活动性——它可能位于我们在这里一直刻画的那种整体现象的根底处——的神经动力学解释已由神经生理学家瓦尔特·弗里曼提出了，他写道：

> 宏观总体存在于时空中各种尺度的诸多物质之中，从单个细胞中的化学物质到生态网络、社会组织、气候系统中的飓风和龙卷风，甚至还包括星系，无不如此。在每种情况之中，宏观要素或颗粒的行为被嵌入性总体所约束，微观行为只有在考虑到宏观活动样式的情况下才能够被理解……一旦通过树状突和轴突增长获得一定密度的解剖学关联，神经元就不再单独运作，而是开始作为部分参与到一个群体之中，它们对这一群体做出贡献并从该群体中获得方向……活动水平现在是由群体而非个体来决定的。这是神经动力学的首要基石。

Walter J. Freeman，*How Brains Make Up Their Minds*（Weidenfeld & Nicolson，London：1999），55.

［7］Michael Wheeler，*Reconstructing the Cognitive World：The Next Step*（Cambridge，MA：MIT Press，2005），11.

第六章　融合的视域

102 也许，在这里再次概括一下我们讨论的主要内容是有帮助的，并且由此可以带出我们所建议的关于人类行动者观点的另一维度。

我们在前面（第一章）指出过一种促使转向肇始于笛卡儿的中介认识论的主要动机。这一转向的驱动力来自对良好的批判性方法的追求。为了挑战既成的观点，你必须使那些理所当然的东西变得明确；将某些主张拆解为小的组成部分或是其依赖的诸证据片段是非常有用的；将一种单纯的事实断言与可疑的价值评判区分开是非常重要的，或说严格区分我们对事物的接纳和它们真实的存在方式是非常重要的。

所有这些都是非常真实的，并且往往是极其重要的。但基本错误在于将这一方法存在论化，在于总结说由于这是思考的良好途径，在某种角度上可以说它也是心灵运作的方式，所以我们应该接收清晰明确的中性信息，并将它们组合起来。只不过我们平常做这些时比较粗心、不注意，或是太过受制于某些外在权威的影响，我们需要被唤醒到一种更认真的反思性建构那里。

103 与此相反，我们的主张是：事实上我们在世界中存在的原始方式，与实在打交道和顺利做事的原始方式反映出一种理解，在这种理解之中不存在清晰的、分析的元素之间的那些区分，也不存在事实与价值、信念与实在之间的区分。将方法存在论化，将清晰的原子式的中性信息片段回置入我们与世界的日常交流之中，这种做法不仅歪曲了我们的日常实在，还使我们认识不到一种良好的批判是什么样的。我们无法看到我们对世界的态度为什么需要一种转变，它使我们远离了事物的日常意义，偏离了对周围世界的参与。

“原初的”（ursprünglich）这一海德格尔用语就是用来分析这点的。日常的处身操作活动就是原初的，这不仅因为它在实际情况中就是我们在世界中存在的首要方式，我们根本不可能全部抛弃它，还因为那种离心的、批判性的立场只能在这种日常的存在方式中产生，虽然前一种立场在我们与研究对象的关系中会完全悬置这种原初性，但却总是依赖于我们的日常操作技能。

人们当然能够理解这种存在论化的动机。这整个基础性事业从一开始就是无望的，除非我们能够向下挖掘直到根底处的清晰的证据片段，依此建立起科学的大厦。这点无疑对这一传统的先驱者如笛卡儿和洛克等人影响甚大。但是甚至是在基础主义被抛弃之后，对完全澄清人类推理活动以及/或对其进行一种清楚的科学解释的希望仍然寄托在原子式的和清楚明白的东西之上。我们可以从今天较为常见的那些对人类思维进行计算机式的解读模式中看出这点。这些模式同样需要对清晰的信息片段的运算，没有为在世界中存在的（格式塔）整体论留有空间。并且某些批判模式建基于这样的（不稳固的）信念之上：在我们的深思中事实性前提一般都能够与评价性前提区分开。

现在，至少从笛卡儿的观点来看，好方法的另一个特征就是逼迫我们回到自己的判断那里，每个人都返回自身。我们不能事事依靠权威，每个人都必须保证，我们的思想基础确实是清楚明白的，论证的链条也是清楚明白的。在这种思想格局中存在着一种对从既成传统或外在权威那里看待事物的否定。最终我们被要求在自己的批判性思维 104
中成为“自我负责的”。[1]

批判性方法的这一特征虽然经常是奏效的，但是却被存在论化了，因而人们常常认为根本的知识主体是个体。并且这还造成了一种对人类境况的巨大歪曲。我们在这里无法完全展开这一意义，那需要至少另一部著作才行。但是其中的某些方面与我们的讨论是直接相关的。

一旦我们意识到批判只有通过立场的转变才有可能，并且随着人类文化的进展这类转变更改并进入了我们的全部事项，那么我们马上就能看到：认为批判仅仅是在自我负责的个体之中并通过这种个体而实现的想法太过简单了。确实，在某种情况下人们站出来反对一种错误的共识（我们的近代西方文化喜欢这类情况），并且这样的英雄人物有可能发明一种新的批判，苏格拉底、笛卡儿以及康德都是这方面的典范。但是即便是那些最具革新性的运动，将某些新的东西加在我们的批判性立场的历史内容之上，它也不是空穴来风的，它建立在已然存在的模式之上，即便英勇的革新者在独闯天下之前，首先也是在这些既有模式之中得到训练和社会化的。像我们这样的一般追随者难道不是需要更多地从我们的文化中去找寻批判工作的工具吗？

这些有关不处身或离心性的诸多立场在语言中得到发展，在这里正像在其他地方那样均表现为一种关键性的表达功能。语言不仅可以用来描述我们已经辨认出来和挑选出来的东西，还可以用来表达言谈、思想、发问的新方式——因而也将这些新方式首次带入我们的原有事项之中。可以再次提到苏格拉底，他是这方面的一个范例，在我们的传统中备受尊重。现在我们有了（同时也部分归功于柏拉图）“辩证法”这个新词，但是它并不是用来描述先已存在的实在的，而是用来说明我们认识到的一种新型问答法，后者与这个新词一同出
105 现。相似地，“观念”一词在笛卡儿那里开始获得新的使用方式，伴随着一种新的技术性含义，它用来指示那些此前并没有在人们的自我理解中起作用的东西，即完全在“心灵”之中的信息的基本单元。康德同样如此，他通过赋予“批判的”一种新的专业性含义而扩展了我们的原有事项。[2]

这些伟大的思想家提供给我们一些新概念，但是我们不应仅仅看到这些。我们在描述方面的事项得到扩展，其方式与一个好的植物学家扩展它的方式并不相同。我们被赋予的是一同实现批评的新方式。新的动向在谈话的原有形式中产生，并最终反过来改变这些谈话。在苏格拉底之前，雅典人肯定探讨过什么是真正的公正或虔敬，但是转向一种对自身融贯之定义的既协作又争辩的研究则是一种新的（同时也是令人恼火的）将探讨继续下去的模式，一种新的追问方式。与中介立场的整个原子主义促逼相反，我们必须在这里记住对话的首要性，记住新动向在其中得以可能的社会环境的首要性，还有新动向使之可能的、从新动向中产生的转变了的交流方式的首要性。

这点在 20 世纪被以多种方式强调过。维特根斯坦已然表明，除非我们能够看到某些词语是怎样在其所属的（社会化）语言游戏中运作的，否则我们就无法把握这些词语的意义。并且，这些游戏反过来还需被放置到它们帮助建构的整个**生活形式**之中。[3] 还有人指出，为了理解一个概念或概念在其中运作的句子的既定用法，我们不得不先行认识它们在其中发生的对话的类型。理解不可能是关于单个句子的，我们需要知道它们嵌入其中的“文本”。并且，很多“文本”类型事实上都是交互性的、对话性的，在这样的“文本”类型之中能够看到，比如说，一个“言语”中的名词的指称其实是与其他言语中的指称表达交织在一起的。

将对话和有关批判的语言游戏较之于个体通过不处身的或离心的运动而进入一种批判模式的优先性摆明出来，能够丰富人类行动者的理解，我们需要从中介性歪曲那里恢复这种理解。用前面引用过的海 106
德格尔式的表达来说就是，原初的行动者在其处身的操作活动中是在一个共享的布局之中来活动的；行动者一开始并不是个体，而是与他者共在的存在，在共享的形式中他者的联合参与具有本质性的重要性——甚至在建立那种我在其中能够独立发挥作用的布局部分时也是如此。

在我们清晰的、离心的、不处身的甚至是孤立的思维活动下面是一种更加基本的与实在的接触，它不仅包含与我们把握着的世界的接触，还包括与那些同我们一道把握世界的其他人之间的接触。

前面段落的讨论表明，存在两条主要的拒斥中介观点的途径，我们在第二章开头部分大概描述过它们。大体来说，我们从第二章至第五章遵循的是第一条拒斥路线，即对精神表象对于知识的核心地位提出挑战。但是这没有触及第二条拒斥途径，即以传统中介理论中的独白式重心为批判对象的拒斥途径。正像我们看到的那样，自笛卡儿以降，中介主义的发展部分来自对好方法的追求的推动，并且这种方法被理解为是典型的独白式的，它通过并在个体心灵之中得到实现。现在是该考虑一下前面段落中提出的这第二个主题了，并应在人类的语言生活中强调对话的首要性。我们援引并在其中活动的那种批判的方法和形式，首先是在我们的文化中建立起来的。当然，我们中的某些人像苏格拉底那样，帮助我们发掘一些至今还未被人知的形式，不过这些新形式只有在被吸收进我们留传给后来者的文化之中时，它们才能成为后来者能够继承的遗产的一部分。

在本章中我们会明确处理这第二条线索。

1

像我们刚看到的那样，我们想要对诸如图式与内容这样的东西加以区分，其实就是在处理不同的文化对自然和人类境况的不同“看法”。但还应该看到，我们一直在捍卫的观点不允许这些差异是无法107 解决的或不可避免的。事实上，嵌入性观点让我们在不考虑非实在论的情况下就能辨识出图式之间的不同成为可能。把握世界的认知行动者概念敞开了诸多可能性，它们不同于那些基于中介观点而来的可能性。对实在的看法和理解可能（肯定）存在诸多差异，这些差异甚至一度是系统性的和深远广大的。其中的某些甚至全部的看法和理解都有可能出错。但是任何看法和理解都是处于一种基本的对世界的处身、领会或接触的语境之中的，这种语境不会随便中断掉。不可能出现完全错误的情况。就算当我走完一段路后发现自己走错了地方，我仍然是在正确的国土，知道回去的路，等等。与实在世界接触是人类（或动物）生活中不可避免的事实，它只能被错误的哲学讨论所忽视。正是因为这种与一个共同世界的接触，我们总是可以相互言说某种东西，在关于实在的争论中能够指示某种东西。

我们该如何理解这种交流的可能性呢？可以从两个层面来考虑。首先，因为我们作为人类都是通过处身的操作而与世界有所接触的，因而在我们之间共享着某些重要的东西。我们所有人都必然以同样的身体、基本能力以及其他事项为基础，在同一个世界的界限条件之内来站稳脚跟。此外，我们还具有同样的基本需要：食物、衣服、居所、休息以及诸如此类的东西。这几乎确保了，当我们进入一种新文化之中时，甚至是在毫无准备的情况下，就像探险者登陆一个不为人知的新大陆时那样，双方仍然能够逐渐学会对方的语言；他们知道任何一个人都能够注意到突显出来的中等大小的运动事物，因而他们能够相互教会关于“兔子”的语言。他们知道，对于交谈者来说，指向一只隐藏在树后而不为交谈者所见的兔子是无用的。他们还知道每个人都需要食物，因而他们索要食物，交换食物，如此等等。

这是每个人都知道的交流层面，并且我们的中介理论对手也会同意我们在这里所说的东西。但是它却没有触及那种最困难的差异。我们提到的第一个层面是关于普遍人性的，并且与我们和有机存在者之间的相似性紧密关联——在某些情况中，它甚至与我们和动物之间的共同性相关。但是看上去会否定理解的那种不可化解的差异却是文化层面的，或说具有特殊的人类意义，这种意义在语言中显露出来。我 108
们可以这样来描述这点，即这一社会中的宗教和仪式对我们而言是奇怪的，我们无法理解为什么人们能够接受它们，它们甚至是令我们厌恶的，或者，他们的荣誉法则对我们而言是有失偏颇的：他们在意平凡的事情而对重要的事情置之不理；他们对待自己和他人的死亡的态度是难以理解的：在我们看来，他们能够很坦然地接受死亡或忍受疾苦；被视为政治系统的东西挑战着我们的理解：他们看上去根本就没有一个政府。我们后面会表明，虽然这种描述差异的方式存在着问题，但是它却能够很方便地帮助我们来辨认这一现象。

我们在这里处理的东西不是生物学意义上的生命意义，而是道德、伦理或精神层面的意义，它与被视为最高目标或最好的生活方式、道德义务、卓越的存在方式、某种美德的东西相关。让我们称这些为“人类意义”，因为它们存在于作为语言和文化存在者的人类之中，不存在于其他动物之中。当然，这两个层面仅仅在概念上才是可分的。在实际的人类生活中，它们是深刻地纠缠在一起的，我们会在下文讨论这点。

这些人类意义与看法或意图相关。我们有时会看不到这种看法或意图。正如上面的描述那样，在我们说他们的宗教是奇怪的或他们的荣誉法则是偏颇的时，我们是大体上确定这种看法或意图的。然而这种确定并没有解决困惑，它只是确定了后者的位置。当我的对话者因某些平淡无奇的言语而勃然大怒时，我实在是无法知道到底什么东西触动了他的名誉。在这里我根本把握不住那个攸关名誉之事。

事实上，这种困惑是如此难解以至于我会怀疑那在大体上确定的描述是否恰当，也许这根本就不是关于名誉的事。更深层地讲，也许这个社会根本就没有那种对应着我所使用的词汇的关切的维度。也许他们没有关于名誉的看法。也许他们没有一种与我们的宗教类似的宗教。在这里我们可以知道为什么说确定差异的所在根本就不是一个简单的工作，并且它还能严重阻碍进一步的理解。我们还会在下文中回顾这点。

在任何一种情况下，从这种文化层面来讲，困难都在于我们无法一开始就能看到他们关于道德的、伦理的以及精神的意义的看法。可是至少在某些时候我们的确在顺利交流。我们克服种种障碍并开始知
109 道它们是关于什么的障碍；不管我们实际上想要支持这种生活方式与否，我们的确开始了解对于他们而言什么才是重要的东西。这是如何可能的呢？

中介主义经常会促使我们质疑这种了解到底是否可能，因为它认为每种文化都根据自己的图式来界定人类意义，每一文化中的成员都无法出离这种得到界定的意义。在图式不同的地方，交流自然会无法进行。因而，直到前不久，某些左翼圈子已经开始对如下做法表示不信任：处于霸权地位的人去谈论处于劣势地位的人的世界观，不管是在人类学家解释他们所研究的社会的面貌的情况中，还是在男人解释女人的立场的情况中。不管怎样，都会存在一种不合法的统治阶层对无权阶层的“话语侵占”。

即便从稍微缓和的角度来讲我们能够达成某些理解，中介图像也会倾向于鼓励一种相对主义。不同的立脚点是不可通约的，不存在能够用来衡量它们的实在。因而它们无法被等级化。当然，指出这点有利于呼吁宽容与和平共存。

在这一语境中，我们能够看到一种尝试通过彻底拒绝概念图式这种观念来建立普遍交流之可能性的企图，如唐纳德·戴维森的著名提议[4] 以及我们早先提到的罗蒂对此提议的赞同[5] 那样。戴维森将他的讨论视为对整个表象认识论的拒绝。“在放弃关于图式和世界的二元论时，我们并没有放弃世界，而是重建与人们所熟悉的对象的没有中介的联系，这些对象本身的行径使我们的语句和意见为真或为假。”[6]

然而，我们认为，这种对图式与内容的戴维森式拒绝置我们于一种矛盾或更坏的境地之中。在他的讨论中典型的危险就是民族优越论，它忽视了他者，因为他者被认为是以与我们类似的分类系统来活动的。行为方面的差异进而就会经常被简单地转换为好与坏之间的差异。 *110*

我们相信，关于差异以及超越差异的一种更完备的解释能够在伽达默尔对跨文化理解的论述中找到。“理解其实总是这样一些被误认为是独自存在的视域的融合过程”（*Verstehen* [*ist*] *immer der Vorgang der Verschmelzung … vermeintlich für sich seiender Horizonte*）[7]。

伽达默尔的“视域”概念就像我们的“背景”，指的是我们做的、说的、问的以及实现的所有特定的事情能够在其中富有意义的周围语境。但是背景观念本身能够在不同层次上来运用。有一种背景理解潜存于我们作为身体性存在者在周围环境中的日常操作活动之中，我们在前面章节讨论过这点，正是通过这种背景理解，我们使得周围环境成为有意义的形象与基底、禁止区域与开放区域、障碍与便利。这种背景是普遍为人所持有的，并且是围绕着生命意义而得到表述的。

但是，我们还可以提及一种既定文化中的背景理解，即对人类生活中重要之物的普遍理解，在这种理解语境中，事物具有了伦理的、道德的以及精神的意义。对于某些原始社会来说，其成员会赋予某些区域以极大的重要性，他们拒绝为了其他更加舒适的地方而把这些区域交换给我们（这些无根的全球化的经济人，以便我们能够在他们的原始家园那里开采石油），这些只有当我们了解了他们的身份认同是如何由比如说这座山来确定的，而这座山又因为他们与精神世界及其自然的联系而获得意义时，才是能够被理解的。

在这一语境中，我们将伽达默尔的视域观念把握为对后一种文化意义的一般理解。不过，这一概念具有本质的复杂性和灵活性。一方面，视域能够被确定和判别，正是通过这种区分我们能够知道是什么在歪曲理解和阻碍交流。但是另一方面，视域又在进化改变，不存在固定的视域这样的东西。“视域其实就是我们活动于其中并且与我们
111 一起活动的东西。视域对于活动的人来说总是变化的”（Der Horizont ist vielmehr etwas, in das wir hineinwandern und das mit uns mitwandert. Dem Beweglichen verschieben sich die Horizonte）[8]。一种轮廓不变的视域只是一种抽象。由行动者（其世界是由视域确定的）确认的视域总是处于变动之中。A 的视域和 B 的视域在 t 时也许是不同的，因而两人之间的相互理解是不完美的。但是通过在一起生活一段时间后，A 和 B 就有可能在 t＋n 时获得一个单一的、共同的视域。

在这样的方式中，“视域”的作用类似于“语言”。我们可以谈论“现代自由主义的语言”或“国家主义的语言”，指出它们无法理解的

事物。但是所有这些都是对一幅流动画面的抽象和定格。如果我们要谈论美国人或法国人的语言，我们不可能先天地划定其界限，因为语言是由行动者来确定的，而行动者又是在进化的。

我们可以看到，这种关于视域及其潜在融合的理解产生出一种“宽容原则”：我的对话者不可能是完全错误的，我也不是，因为我们都不可避免与实在相连，并且还能改变我们对实在的“看法”。但是对所有与戴维森观点表面上的相似性而言，实际上这里的讨论是非常不同的。伽达默尔的基础是本体论的：人类与实在之物相连。戴维森的却是认识论的：当你以你的方式思考和行动时，我理解你的条件就是我以我的一般方式来构想你。这确实具有反实在论论题的古典形式：当面对一种常识性的区分时，因为这种区分似乎不可救药地忽视了某些重要的事情，所以就干脆直接否认这种区分。

在我们的例子中这种常识性区分指的是：两种社会或文化对其生活的理解是非常不同的。麻烦的地方在于，它们可能永远不会理解彼此，永远被锁闭在各自的意义建构方式之中。极端地说，结果只能是我们绝对无法理解来自外来文化的人。生活对于他们而言意味着什么最终是不为我们所知的。反实在论的回应是否认这种区分本身：不存在诸如不同的、相互之间不可还原的意义建构方式这样的东西，并且也不存在哪怕是潜在的不可知的对象这样的东西。

我们也许会认为宽容的基础并不重要，重要的是结论。但是事实 112
上，这两个原则对文化差异中的重要问题具有决定性的不同作用。

很明显，戴维森反对我们被锁闭在完全不同的图式之中的论证是强有力的。他的宽容原则需要的是，我作为观察者/理论家，必须在使被研究者的所做、所思、所说能够被理解的意义上来使该被研究者具有意义；否则的话我就无法将其看作理性的行动者，并且在相关意义上也就根本不存在需要加以理解的东西。

这一论证表明了不同文化之间的完全的不可理解性是行不通的。为了经验到其他群体的某些实践活动是不可理解的，我们必须能够发现它们在其他（相当多的）事项方面是完全可理解的。我们必须能够将它们理解为形成意向的、采取行动的、尝试交流要求和真理的等内容的存在者。如果我们甚至连这点也做不到的话，那么我们就不再拥有一种基础，此基础能够允许我们将它们看作行动者。如果真是这样的话，那么就不存在什么困惑了。对于非行动者而言，不存在关于它们在做什么的疑惑，因而也不存在在这点上止步不前的可能性。

明显的是，这种完全的不理解对于人类来说是不可能的。正像我们上面指出的那样，我们总是能够作为身体性行动者围绕着我们的本性和共同的生活需要进行短暂的交流。戴维森论证中的问题在于从某种意义上说它太绝对了。它除掉了彻底的、无法更改的不可理解性这一虚构的可怕猛兽。但是，在与别人的真实际会中我们遇到的只是局部性的和（我们希望）可克服的交流不畅。

在这种真实的生活处境之中，戴维森的理论是派不上什么用场的，主要是因为它将“概念图式”这个观念也一同抛弃了——尽管他的论点只消除了我们遇见一个完全不可理解的图式的可能性。但是在处理真实的、局部性的理解障碍时，我们需要能够确认是什么在阻碍我们。为此我们需要辨认出两种不同的文化在理解方面的系统性差异，既不将这些差异具体化也不将其标明为无法根除的。这是因为有两个因素在这里起作用：（1）阻碍我们的是我们无法看到这些差异所对应着的人类意义；（2）这些意义相互缠绕为一个格式塔整
113 体。我们只有在一种更大的对真正重要之物的认识中才能理解特殊的问题。

上述就是伽达默尔的视域融合说所包含的东西。视域可以不同，但与此同时它们还能移动、变化、扩展——比如说就像攀登一座山时视野的变化那样。这点是戴维森立场中缺少的东西。没有这点，戴维森的宽容原则很容易被滥用在民族优越论的目的上。这一原则告诉我要尽量理解别人的言词和行为。在将他的言词翻译为我的语言的过程中，我应该尽可能地将其设想为谈论真理、做出有效推论等活动的人。然而问题在于“我的语言”在这里意味着什么。它可以意味着在见面时我所说的语言，或者也可以意味着扩展了的语言，即产生于去

理解对方、与对方视域融合的过程之中的语言。如果我们指的是第一种，那么几乎可以确定的是，我会以民族优越论的姿态歪曲他。

问题在于，现今仍存在的民族优越论诱惑对陌生者的理解太过轻率，即这些人会根据自己的方式来理解陌生者。少数族裔没有法律，因为他们没有那种能够被我们看作法律的东西。将他们标记为无法律的和法外的存在就像说他们的法律是无效的和宿命性的一样容易。所以当西班牙征服者遇见阿芝特克人时，这些冷酷的肆无忌惮的冒险者深深地被阿芝特克人的活人献祭活动所震撼。对于那些比较善良的西班牙人而言，唯一的解释就是阿芝特克人崇拜魔鬼。“**朋友们**，很简单，你或者崇拜上帝或者崇拜魔鬼。挖出心脏是崇拜上帝吗？所以……”

戴维森路径中的问题在于，它使我们从一开始就忘记了或无法看到我们是多么严重地忽视了他们所做之事的意义。它使我们太过轻率地假定，我们根据自己的理解能力就可以通达对方行为的意义。

需要的并不是戴维森式的“宽容原则”——它意味着在我们所拥有的意义范围内尽最大努力来理解对方，而是了解到存在着一种非常不同的理解人类生活、宇宙、神圣者等事物的方式。在某个时候，你需要在你的本体论中为与“我们看待事物的方式”相对的“阿芝特克人看待事物的方式”保留位置——简言之，就是那种类似于图式–内容区分的东西。毫不夸张地说，办不到这点的话会带来极大危害。

当然，这种民族优越论完全违背了戴维森的初衷。但是问题在 114
于：我们需要理解我们是如何从见面时自己歪曲对方的语言转变到一种更丰富的为对方保留位置的语言的，如何从根据我们原有的方式“尽最大努力”来理解对方——这往往是一种外在强加——转变到在融合的视域之内尽最大努力来理解对方的。如果不允许其他视域或概念图式这样的东西进入我们的本体论，那么我们就无法设想或实现上述转变。我们认为，这点标明了伽达默尔的观点相较于戴维森观点的优越性。

尽管如此，在指出使用任何这样的术语的危险或矛盾时，戴维森的论证还是很有价值的。当我们问“图式”这一概念对应何物时，我们就能看到这点。“内容”这一术语肯定是非常糟糕的——就像是有某些东西已然摆在那里，等待被不同的图式加以塑造。在这里肯定有一个严重的问题。

人们解释或理解他们的世界的那种系统性方式属于一种特定的图式观念，人们往往会在跨文化研究中来使用这种意义上的图式。不同的图式是理解同一个事物的不同方式。

但是这些事物是什么呢？这里会有不同的看法。你如何能指向被问到的那些事物？如果你使用对方社会中的语言来指示它们，那么图式和内容之间的所有区分就消失了。但是你还能使用其他的语言吗？比如说使用我们自己的语言，观察者/科学家的语言。但是这样的话我们仍然没有指示出我们和对方都认同的“内容”，这样的内容必然在某种程度上能够独立于两种图式而被辨别出来。

应好好把握这里的要点，记住它以避免某些易犯的错误，比如认为某人会有一个而言对所有社会之结构或功能（“政治系统”“家庭”“宗教”等）而言分类，它为所有不同的处事方式和文化语言意在处理的东西——可以说是相对于现象语言的本体——提供一个最终正确的描述。但是两种图式一个对象的想法仍然有效，并且事实上是必要的。

让我们回到西班牙征服者和阿芝特克人的例子中。我们可以说，西班牙征服者做对的一件事情就是他们认识到挖出心脏在某种意义上对应着西班牙社会中的教会和弥撒，以及与此类似的东西。即是说，能够为最终的视域融合提供一个好的起点的准确洞察包含着这样一种
115 认识：一个他族人谜一样的生活中的事件能够有效地比附于我们自己生活中的事件。用伽达默尔的话来说，我们正在做的事情就是确认我们生活中那些被对方奇怪的习俗所冲击和挑战的方面其实提供了一种概念上的对等物。

一个实例能够表明这里的关键问题。前几年，一个奉持狂热还原论的美国社会科学家提出了一种关于阿芝特克人献祭活动的理论，这

种理论将这一活动“唯物论地”解释为出于阿芝特克人对蛋白质的需要。[9] 根据这种看法，在西班牙社会中能够拿来与此进行比较的可能是他们的屠宰场而不是教会。不用说，从这样的起点来看，我们根本无法前进。

有益的猜想应该是，在这些金字塔顶进行的活动反映了一种非常不同的关于 X 的理解，而这种 X 与西班牙的基督教信仰和实践所理解的那种东西有所重叠。这是思考和追问能够有效开始的地方。它有一个非常强大的——并且原则上是有挑战力的——预设：我们共享着同样的人性，因而我们最终能够在阿芝特克人的献祭活动中找到我们熟悉的东西，因为它是一种处理某一共同的人类境况的方式。一旦这点被接受，那么两个图式一个对象（X）的想法就是不可避免的了。我们需要注意的仅仅是将何种东西放入“X”名下。

在一般的建议中，我们可能会说：人类境况的维度或方面。在特殊的情况中，具体化会更加危险。“宗教”可能是一个明显的备选词汇。但是危险正在于，我们乐于接受该词在我们的世界中意味着的所有东西，并滑向对西班牙征服者的民族中心主义解读。因而我们可能撤回到某种更加模糊的表达上去，比如“神秘的”，但即便如此也是冒险的。

这里关键的地方在于警惕标签。这是从对图式-内容二分的攻击那里学来的教训。然而，我们不会丢掉这样一种想法：弥撒和阿芝特克人的献祭是对人类境况之一——关于这种境况我们没有稳固的、超文化的名称——的两种竞争性解释，除非我们想要把这些人降低为那种未开化者，就像一个不同种族的成员对我们而言的那样。如果消除差异意味着滑向这种结论的话，那么这不是一个好的做法。

2

从这种伽达默尔-戴维森的比较中我们能够看到，伽达默尔指出 *116*

了当我们面对那些文化差异中不理解的现象时我们所缺乏的东西。（1）我们无法把握住他们所做之事的意义，以及（2）只有当我们理解了对于他们而言最终的或关键性的重要之物的大致意思时，我们才能把握住他们所做之事的意义。但是，“图式”一词对于这点来说可能是误导性的，不仅是因为我们在上一部分的考察中表明的那样，还因为它似乎暗示着对方的意义仅仅是在概念或命题中形成的。然而这是一个关键性的错误。情况看上去是：在没有概念形成的情况下，人们无法围绕关于最终重要之物的现有意义来组织他们的生活。但是它又远远不是：他们只能这样做。毋宁说，这种意义存在于我们称为“多媒介”形构的东西之中。在一种层面上讲，我们拥有布尔迪厄所谓的“惯习”，那种我们在其中被训练得能够坚持自己、面对他者、以特定的用语来称呼他们等方式。比如，我们训练晚辈在长辈面前要恭敬站立，恰当的时候要鞠躬，不能太过大声说话，使用特定的称谓语。在所有这些训练中，他们学着去尊敬甚至是敬畏他们的父母和长辈。再比如，妇女被训练得在男人面前要低头视地，不能直视男人等，由此建构出一种从属性地位，妇女不能越此去挑战男人。[10]

学会这类惯习并不只是学会某种动作那样的事情。通过这种训练要学会的是某些社会意义。因而，如果孩子们没有抓住与此种行为相随的某些恰当的情感和态度，与他们的行为方式相伴的某些评价，那么他们其实就没有学会什么东西。所以，如果我作为一个年轻人对我不得不服从的长辈充满了蔑视，我会马上意识到我必须隐藏这种态度，当我鞠躬时事实上我是掩饰着的，当我继续遵从规则时我内心是矛盾的——我是一个内心叛逆者。

认识到这点的另一种方式是，我仅仅通过一些中性的动作来表达
117 不服从。这些动作理应是要表达敬重之意的。这就解释了为什么会有以这种敷衍甚至自得的方式做出一些动作的可能性，在这种方式中，我们其实是放肆的，因而也是违背规矩的。

因此，惯习在这里是某些人类意义的表达媒介，它用关于重要之

物的建构性意义来确立一个特定的社会世界。作为一个逐渐长大的孩子，惯习将我整合进这种社会世界之中，并使我认识到这些意义是显然的和真实的。存在着其他的表达/整合/显明方式，其中包括关于长辈的“理论性”说教：他们值得尊重及其原因；还包括：某些符号以及可辨识的符号联结，长者头饰，他们参加的某些仪式，等等。所有这些都相互渗透并彼此影响。作为一个受到良好教育的孩子，我感觉到的这种尊重深深地被那种关于模范长者的故事以及后辈对其的热爱和钦佩所浸染，在我还处于幼年时这些故事、热爱、钦佩都深深地影响过我；人们会随着年龄的增大而更加睿智这种想法的突显也会影响到我的尊重意识，同理还有当我还是幼童时遇到的那些高尚人物也会影响我现在的尊重意识。这里我们遇到的是在第二章论述过的对意义的多媒介把握。

这种身体性的、符号性的、叙事性的以及命题性的媒介之交织阐明了我们就人类生存之流中生活与人类意义之间的不可分割性所主张的东西。惯习自身，作为重要社会意义之表达/显明的一种身体性举止，表明了这两个层面是如何交融在一起的。从一种层面上讲，我们能够将身体的平衡解释为在重力场域站稳脚跟，这种重力场域使我们能够活动、来回走动、使用物件。但是就在人类生命开始的那一瞬间，我们的这种站立姿势同时也成为人类意义的聚集之地，比如说它包含对尊严的理解（被迫趴在地上则代表着“羞辱”），包含我们对更高者比如天堂的亲近；在某种哲学或神学中它还能得到各种各样的发展和丰富。[11]

由于我们称之为身体间性的东西，同时由于我们的身体在生命开始的那一瞬间彼此相应的方式，身体尤其可被称为社会意义的场域。 118
幼儿在她能够通过观察自己的面部表情来抓住和发现自己的表情与母亲表情的相似性之前，她就能够模仿母亲的笑容。在梅洛-庞蒂的例子中，“把一个十五个月的幼儿的一个手指放在我的嘴里，装出咬的样子，那么幼儿也会张开嘴。不过，幼儿不注视在镜子中的他的脸，他的牙齿和我的牙齿不一样。因为一开始他从内部感觉到的他自己的嘴和牙齿在他看来就是咬东西的器官，从外面看到的我的下颌在他看来就能有同样的意向”（un bébé de quinze mois ouvre la bouche si je prends par jeu l'un de ses doigts entre les dents et que je fasse mine de mordre. Et pourtant，il n'a guère regardé son visage dans une glace，ses dents ne ressemblent pas aux miennes. C'est que sa proper bouche et ses dents，tells qu'il les sent de l'intérieur，sont d'emblée pour lui des appareils *à* mordre，et que ma mâchoire，telle qu'il la voit du dehors，est d'emblée pour lui capable des mêmes intentions）[12]。对自己身体中可能意向的意识与对别人那里可能意向的觉知最初是被理解为属于同一个类型的，这种相似性在被具体地分类化处理之前能够在双人游戏的进程中被经验到。在一开始我们就准备好进入与他者的对话和协调行动之中，不断地重复玩着躲藏与寻找、遮蔽与惊奇的游戏，这为将来在亲密与疏远、协调行动与单独筹划——这些形塑了日后社会生活的基本面貌——上采取态度打好了基础。

我们在第五章提到过，不处身的各种立场在语言中得到精化。现
119 在我们可以将其扩展到人类意义的所有方面——道德的、政治的、审美的以及宗教的。但是在这样做的过程中，我们必须拓展语言的内涵使其能够包含那些反映和体现这些社会意义的身体性实践，比如前面提到的晚辈对长辈的鞠躬。这种广义的语言聚合起具有建构性力量的即能够向我们传达意义的媒介系统。正像我们在第二章中讨论的那样，人类意义实际上是嵌入在媒介整体之中的，嵌入在陈述、故事、象征、规则以及惯习之中的。

在这里我们接通了伽达默尔的论题：我们生活于其中的世界，我们经验到的人类意义，本质上是在上段提到的那种广义的语言中构成的。这就是伽达默尔关于“语言性”或 Sprachlichkeit（语言性）的论题。

我们在这里被迫使用的广义的“语言”（或者我们可以使用另外的术语，但需具有同等宽广的意义）突显了另一个关于“概念图式”的问题。人类文化之间的差异并不能仅仅在描述性概念——它们在狭

义的（通常理解的）语言中起作用——的层面上得到解释。而这点似乎正是戴维森在我们前引讨论中主张的东西。[13]“不可通约的图式”必然意味着“不可互译的”语言。[14]但是，假如我们设想两个谈话者面对着一个其特征由于相似的知觉、辨识等能力而对于两人来说是同等的可理解的世界，那么就很难想象那种真实的不可互译性情况。假定我的对话者对事物的分类把握确实不同，当船航行而过时，假定他会说“快看那只好看的后桅式双桅帆船”，然而如果用标准的英语来说应该是“前桅式双桅帆船”。在这种情况中，如果他的视线是通畅的，并且看上去他“在关于过往帆船的伸艉后桅帆位置问题上没有出过错”，那么我会认为他刚才的说法属于一种词语误用，在他的词汇储备中平常所说的“前桅式双桅帆船”成了“后桅式双桅帆船”。[15]由此我们就完成了翻译。

然而，一旦我们考虑到第五章的讨论，认识到话语体裁和语言游戏在人类历史进程中发展得多么不同，一旦我们看到这些语言游戏所援引的意义是由一种比描述性语言更宽泛的媒介来表达和显明的，那 *120*
么我们就会发现如下一种设想是多么脆弱：谈话者面对的是一个其特征对所有人而言都是平等的可理解的世界。这对于J. L. 奥斯汀的“中型干货”来说也是如此，但是对于自认为精通希腊语，听到苏格拉底质问色拉叙马库斯的波斯到访者（或是某个来自马加拉的不谙世故的到访者，等等）来说情形如何呢？西班牙人发现阿芝特克人的献祭情形又当如何？可能答复说“这是辩证法”或“这是N（不管纳瓦语中的哪个词对应着这一活动）”。但是这并没有什么用，肯定不够充分，因为这些说法到底意指什么——活动本身还是活动中起作用的对事物的描述（比如“困惑”或“合适的祭品”）——仍然晦暗不明。

但是，客观地说我们不能期望这些外来者能够知道所有的事情。过程中的受挫并不能成为不可互译性的充分条件。甚至当我们进入自身文化中的某些特殊领域时，我们也会经常不知所措。在化学实验室或粒子回旋加速器的环境中，我可能会完全不理解其中的东西，无法理解人们所说的事物。这里不存在文化差异，因为我能大致理解后伽利略科学是怎么回事，它是如何更深刻地认识那些在中型干货中存在的进程的。我知道如何安置这种转换，虽然我缺乏进一步深入的特殊知识。（不过，当我们想要强调自然科学和人文科学两类群体在基本观点和价值态度方面的明显差异时，我们有时确实会和C. P. 斯诺一道认为这是关于“两种文化”[16] 的事情。）

换句话说，我们——而不是通过某种时间扭曲突然穿越到我们这个时代的中世纪农民——能够理解这一活动的意义所在。这点正是我们例子中的波斯人和西班牙人所缺少的东西。这种差异必然反映在不可互译的描述性用语之中，比如“辩证法”和“困惑”，或（纳瓦语的话我们勉强翻译为）“祭品”和“牺牲者”。但是语言性差异需在更深层次上来认识。活动本身是在语言中、在某些形式的话语或交流中被建构的，这种建构发生在对活动进行描述之前，也有可能是两者同
121 时发生。我们可以想象，当苏格拉底开始他的（惹人厌的和具有挑战性的）那种质问时，“辩证法”一词还没有被发明出来。也许事实上是柏拉图后来发明了这个说法。震惊埃尔南·科尔特斯及其部下的阿芝特克人献祭是由仪式语言演变而来的，这种语言包含丰富的身体姿势、象征符号以及口头交流，用来表达/建构人-神关系中的特定意义。学习一种语言不可能仅仅是去掌握一套关于事物的描述性词汇，这些事物摆在我们面前，能够同等地被所有人类理解。存在着这样的事物——兔子、大象、树、手、脚、食用水果——它们在初次碰面交流时帮助颇大。然而这并不是相互理解中的全部。当我们无法理解对方话语中的大段内容，或无法理解他们某些关键的语言游戏时，深刻的不可通约性或不可互译性[17] 就会出现。为了克服这些问题，我们需要能够把握那种远远超出我们努力从对方的描述性词汇与对-我们-而言的-世界之间的比较中得出的东西；我们必须能够理解他们是如何在整个媒介系统中建构人类意义的，对于我们而言其中的某些意义一开始是非常异质的。

因而，对方的某些语词可能是非常难解的，因为它们不仅属于对

方的某些重要实践，而且还非常关键性地帮助建构起这些实践。举个重要的政治案例，即从古希腊城邦（在某种程度上还有罗马共和国）延续下来的政体类型这一问题，在这里，公民之间存在一种基本的平等，这种平等对于他们关于独立性自治和自由人的概念来说是本质性的。如果没有形成对平等的这种需要，这种需要也没有成为一种用来衡判某种独特的社会或语境的评价方式，那么这种类型的政体就是不可能的。我们可以设想多种这样的原始社会：在其中，我们称之为平等的东西是以未被明确意识到的方式存在的。但它们不是古希腊城邦 *122*
那样的社会，因为在后者之中平等是与规则紧密相关的，这些规则规定了应该由谁来统治，它何以能够以及在什么情况下可以被视为一个规则。

因而，斯巴达人将自己描述为平等之人（homoioi），在民主制中遵循言论平等（isêgoria）规则，为政治权利平等（isonomia）而战，等等，这些都不是附属性特征，即我们可以设想在其不在场的情况下那些社会仍能本质性地是其所是的特征。自我描述为平等之人是这种政体的本质性组成部分，也就是说自我描述为平等之人乃是平等关系的本质性部分，这是因为这种政体需要一定程度的明确的共同理解，如果没有这种自我描述，这样的理解是不可能的。

这展示了我们所说的语言的建构性维度。语言能够由多种方式进入我们的情感、目标、社会关系和实践，并成为这些东西的本质性构成部分。语言的那种以上述方式成为本质性的建构维度在其他情况中有可能仅仅是一个表现性维度，比如当不同的称呼负载着表达不同的人际关系的任务时就是这样。不过也有可能是，对于一个既定的情感或关系来说本质性的是某些描述。

这是我们在城邦的例子中得出的结论。能够将自身视为平等的公民对于该政体而言是本质性的。这种政体并不是通过某些简单的因果条件达成的，比如某些人所说的相对的孤立性或奴隶制。关键之处在于，这类有关平等的实践必然要求对平等的明确意识。如果没有这种意识，参与者没能将每个人置于作为规则的平等之中，那么就无法将这种实践辨别为一种有关平等的实践。

换种说法，规则不可能独立于某些特定的实践而被理解，在这里就是不能脱离于公民的自治；而实践在没有规则的情况下也是不可想象的。如果无法抓住这种建构性关联，外部观察者就会对描述性意义缺乏足够的认识。

假如我们是身处古雅典的来自非常专制的文化的到访者，我们经常听到这里的人使用“平等的”以及与此相近的“同样的”（isos，homoios）等语词。我们知道这些语词适用于木头、石头，可能还有房屋和船只，因为在我们的母语（比如仍然是波斯语）中存在着还算准确的翻译。并且我们也知道在某些时候可以将它们应用在人类身上，比如说起身体方面的相似性或同样的身高时就是如此。但是，古希腊人使用这些语词的一种特殊方式却难住了我们。事实上，他们会
123 用一种好斗的和反常的方式将这些语词使用在人们身上，这些人在我们看来是非常不同的，有些身材高大而有些矮小，有些出身高贵而有些则出身低贱，如此等等。

我们需要掌握的是这些语词如何在政治中发挥作用。我们也许不难看出这些身材矮小且出身低贱的人拒绝屈服于那些高大的名门之后，从挑衅的姿势以及可能发生的实际战斗来看这点是非常明显的。但是，我们仍然没有把握住的是这种生活模式被认识到的积极价值。实际上，这一战斗在我们看来也许仅仅是一个冲突，是政权接近崩溃的一个迹象；我们根本无法看到一种不同的可行的生活模式。（相似地，某些 18 世纪早期的法国人会认为，英国一旦允许“国王的忠实反对派”这样疯狂且不伦不类的制度存在，那么这个国家就接近了崩溃的边缘。）我们需要能够理解自由行动者的理念，即根据这一理念没有哪个完全的参与者会听命于他人，行动者必须自我管理，且当他们为其自由而战时有勇气、主动性和爱国热情来振作起来。这些行动者践行在一起思考他们应做之事的权利，但是言论活动并没有使作为行动者和勇士的他们在参与实践时变得犹豫不决。[18] 换句话说，我们还没有看到这种生活的高贵性，或者说还没有看到这种生活的实践

者认为是高贵的东西，没有认识到他们关于一个人（在他们这里尤指男人，自由的成年男性）作为这样的行动者和自由者所具有的尊严的概念。

在他们关于“自由”一词的特定用法中会有类似的情况。让我们来设想另一个观察者，他敌视城邦，在数世纪后为专制制度写作辩护。自由的观念，即那种在某类自治实践中所具有的身份，对于他而言是完全没有意义的。自由仅意味着物理障碍的消除，并且可以扩展到法无禁止即自由的地步。[19]

波斯观察者无法看到的以及霍布斯不愿承认的是，“平等”、“同等”、“自由”以及类似“公民”这样的术语一同界定一种价值视域的
方式。它们表达着公民对那些内在于这种生活理念和方式的标准的敏 124
感性。这些表述对于这种生活方式而言是建构性的，因而我们无法理解这种生活方式除非我们理解了这些用语。

但是反过来讲，在没有把握它们表达了哪种敏感性的情况下我们也是无法理解这些用语的。它们无法简单地依靠表象模式得到理解，即将其设想为对某个独立实在的可能描述——被某些独立存在的对象“承认”或不承认的谓词。它们确实在发挥着描述某些社会境况和关系的功能，但是这些境况和关系之所以存在是因为相关的行动者具有某些特定的关怀；如果没有这些关怀他们很难保持这些关系和状态。进一步，这些用语本身对于这些关怀来说是本质性的，在这些用语的界定之下，这些关怀被人们所认识。正是通过这些用语，行动者的关怀视域被以这样一种方式表达出来：它必须是为了这些实践、境况、关系的存在而存在的。

由此，想要理解这些用语表象着何物，想要在其表象功能中把握它们，我们就不得不先行在其表达性的建构功能中来理解它们。我们不得不了解它们是如何将一种关怀视域带向一种具体表达的。

我们如何做到这点呢？没有固定模式，然而明显的是我们必须进入相关的人那里才能有所收获。为了能够介入他们的话语，我们必须

努力与他们保持对话。这些交流最初是非常简单的，集中在大家共同认可的事物上面；但是只有通过这些交流我们才能接近和理解对方的人类意义在其中被建构的方式。这就是在奎因和戴维森提出语言学习问题的方式中被严重误解的东西。“彻底翻译”（奎因）或“彻底解释”（戴维森）假定了一种学习处境，在其中学习者观察说话者的所说、语境及其前后相关的东西。这种立场与科学活动者的立场比较接近：观察者与对象。如果我们意在匹配他们关于中型干货的词汇和我们的词汇，而非试着去理解什么样的目标和意义赋予他们的生活和实践以价值，那么我们所看到的就是这种立场在运转。坚持认为“我们实际的图式和语言最好被理解为扩展着的和唯物主义的”[20] 同样依
125 赖着这种关于目标的特殊设定，但是如果我们的目的在于理解图式和语言是关于什么的，那么我们很难看出这句话到底意味着什么。

这正是伽达默尔的方法明显高人一等的地方。在他关于人类科学的理解中，伽达默尔置于核心地位的是“对话”范式，而非追问着的主体对对象进行研究的范式。成功并非与一种关于对象的完备理论一同到来，而是如我们所说，它是“视域的融合”的产物。这种观点充分考虑到了前段论述提出的要义，即我们只有通过参与到对方那里才能弥合理解中的某些差异。并且，这种交流必须在某种程度上被坚持下去，否则它就容易导致严重的歪曲。最后，在理解的过程中，双方都能够很好地意识到他们先前的自我理解是有缺陷的和不适合的。

这最后一点会经常出现，因为在理解那些起初是陌生难解的东西的活动中，我们经常会质疑自己关于“标准”之物或人力所能为之事的隐含观念。如果我们准备适应这种新的存在方式而不是歪曲它，在人类能力范围议题上束缚我们的那些文化图像就必然会落入无效。我们开始发现，将这种献祭仅仅理解为魔鬼崇拜会阻碍我们，这种对陌生宗教的无所不包的解释必然会被立刻抛弃。我们的类型学解体了。

通常来说，为了避免歪曲，我们必须能够看到存在着其他的可能性，我们的存在方式并不是唯一的或“自然的”，它只是众多可能形式中的一种。显而易见的是，我们不再能够天真地回到我们那种处理

或理解事物的方式中去了。

如果理解他者意味着视域融合而非拥有一门关于对象的科学，那么我们的口号就是：没有自我理解方面的改变就不会有对他者的理解。

统治者享有被统治者、征服者享有被征服者这类理解模式——最突出地表现在近几个世纪辽阔的欧洲帝国中——一般都建基于一种平静无扰的自信之中：他们需要的用语已经都存在于他们的词汇之中了。在这种意义上讲，20 世纪的大部分“社会科学”只是古老的人性弱点的另一种体现。并且事实上，除了战利品、不平等交换、劳动剥削之外，统治的满足还包括对自身身份的重申，这一身份能够存在于自我想象之中而不受严峻的攻击。真实的理解总是包含一种身份代价——被统治者经常会痛苦地体验到的东西。（我们希望）明天的世 126
界能够更加公平地分摊这种代价。

当然，从先前身份的立场来看它确实是一种代价。但是一旦经过了转变，它就有可能被判定为一种进步。同时我们还了解了在我们这个世界上其他的人类可能性。然而不可否认的是，通往这一结果的道路经常是痛苦的。

关键性的契机发生在我们允许自己被他者打断介入的地方——在这里差异不再被范畴化地把握为一种错误、缺点，或是关于我们的次要的、未充分发展的看法，并且它还促使我们将其视为一种可行的人类存在模式。这点不可避免地会动摇我们的自我理解。这就是伽达默尔称之为“敞开”的立场，它与我朝向科学对象的态度不同，在后者这里我尝试“从与他人的关系之外来反思我自身，并且因此成为他人所不能企及的东西”（sich selber aus der Beziehung zum anderen herauszureflektieren und dadurch von ihm unerreichbar zu warden）[21]，“对他人的开放性包含这样一种承认，即我必须接受某些反对我自己的东西，即使没有任何其他人要求我这样做”（Offenheit für den anderen schliesst … die Anerkennung ein，das ich in mir etwas gegen mich gelten lassen muss，auch wenn es keinen anderen gäbe，der es gegen mich geltend machte)[22]。

伽达默尔用他的“对话”范式发起的对人类科学中的主体-客体模式的挑战，表明了在超越文化壁垒的过程中平等交流的至关重要性。[23]

3

此外，在我们跨过巨大的文化差异与每个他者进行交流的能力中，信心抑或信念在伽达默尔关于语言性（Sprachlichkeit）的基本
127 观点之上产生出来。在前面提示的宽泛意义上，通过学习一门语言我们仅被引导进我们自己的家乡文化之中。但是，作为人类我们还能够学习其他语言。因而不管两种语言词汇中的意义是多么不同甚至相互抵触，我们原则上都能够获得彼此之间的理解。之所以说“原则上”，是因为在实际实践中这显然是非常困难的，冲突、恐惧、力量的不均衡、傲慢自大以及诸多其他类似的障碍都会时刻阻碍我们获得这种理解。

学习其他语言的可能性背后是什么呢，如果我们确实能够进行这种学习的话？我们必须知道的是，没有什么东西能保证我们把握住任何一种生活方式的意义。我们可以想象一种外星人，其道德/精神意义——如果我们确实可以使用这些用语的话——对于我们来说是相当不同的。在部分情况中，我们甚至在人与人之间也能够发现这种类似的不可理解性。我们可以对莫扎特后期钢琴协奏曲的优美或贝多芬后期四重奏的精神深度大加赞赏，而一个完全音盲者则无法理解或参与进这种对话之中。我们可以认为这一情况中的困境是无法克服的。但是，类似的茫然不解也可以在一个初学西方音乐的新手那里出现，即便后面他/她能够与我们产生视域融合。

即便需要很多的努力和时间，我们也能够跨越巨大的文化差异，这是一个非凡的事实，虽然我们很少注意到这点和审视这点。我们的

处境看上去是：所有正常的人类后代都生来具有这种潜能，能够通过被引领进一种语言（指的是宽泛意义上的“语言”）和生活方式之中而被整合进某种对人类意义的文化理解中去。这种潜能只有通过这样的引领才能实现，因而必然是以一种特定的方式实现出来。但是我们知道，（1）如果一个孩子是在任何一种其他文化中被养大的，那么他/她是可以被成功地引领进这种文化之中的；（2）他/她能够学习第二种文化。

这意味着，不管人们多么深地带有某种文化的表达/整合/显明形式的印记，但是这却并非意味着他们被束缚在这些形式之中。他们没有被束缚在其中，因为他们保留了理解任一文化和被引领进去的原始能力。在这里存在着另一种接触，类似于我们一直在指出的那种在我们与世界的日常交道中的接触。比如就像约翰尼，他并没有被束缚在任何特殊的关于周围环境的信念之中，因为通过与事物的原初交流他 128
保有去做被要求所做之事的基本能力。而萨拉也没有被束缚在个体主义的西方文化之中，能够作为一个人类学家进到内地，去理解由图腾动物和神圣地理环境来界定一种身份意味着什么。接触在这里存在于一种原始的保留至今的与某些意义相宜的人类能力之中，这些意义存在于人类能力范围以内——这个范围只有在了解人类婴儿能够或不能够被引导进什么样的人为设计的文化形式之中时才可以得到界定。（不用说，没有人会做这种必要的实验，如果有人要去做，他们会被判监禁。）

在一种情况中“接触”含有与世界的实际交道，它使我们能够走到表象（已然成形的信念）的后面；在另一种情况中，接触含有回应、相宜、理解人类意义的能力，并且它使我们能够绕开很多表象——虽然它们也牵涉其中——而围绕在一种印记旁边，通过这些印记，某些意义对我们而言成为人类的意义。从根基处来看，这两种能力在我们最基本的身体行为中是纠缠在一起的。

我们可以追问到底有什么东西位于这种把握人类意义的能力下面，这会有很多种解释。某些解释聚焦于一种固有的人类本质，也许是进化论意义上的，或者是与我们的理性能力相关的。其他的解释则诉诸我们之外的东西。也许开始于与某种超越的高高在上之物的联系意识，我们的直立姿势本来就带有一种意识，它们将这一更高的实在设想为很多不同的形式：犹太教-基督教-伊斯兰教传统中的上帝，极乐净土和无我，由华兹华斯和陀思妥耶夫斯基提出的划过宇宙的伟大生命之流，以及根据其他假说而来的一些构想。我们几乎可以肯定地说，不可能选定其中的任何一种解释；并且有可能所有的解释都是错误的。但是这些构想意在解释的现象却是真实而重要的，如果我们无视这点，那么我们对跨文化对话的理解就是歪曲的。伽达默尔是在海德格尔开创性工作的影响之下进行写作的。他的“宽容原则”是由接触理论来塑造的。我们的不同世界是语言性地被建构的，而我们的语言回应着某物，尽量在人类境况中表述某物。如果我们要说语言
129 或文化在形成世界的过程中调节着我们与宇宙和人类本质之间的接触，那么我们必须还得承认我们的语言没有耗尽这种接触。毋宁是，它首先诞生于我们的动物性生存这一背景或语境，跟随着把握周围环境的本能冲动；其次，它是一种更加普遍的能力的特殊化，这种能力在人们被引领进一种具体的人类意义形态中时不会完全丧失掉。

这就是我们从来不会被束缚在一种单一语言之中的原因。同理，我们因而也能够适应其他环境，在经过长时间的努力之后最终能够理解别人的话题和意义。我们没有被束缚，因为构造语言和构造世界不是专断的，它们总是在回应着某物。这就是海德格尔说人是“存在的守护者”所要表达的意思。[24] 不管它看起来多么令人迷惑、具有困难和抵触性，在每种情况中被回应的那种东西对于其他人而言都是可通达的。至少，这最后一个主张表达了一种属人的信念。

当然，这种意义上的相互理解还不是伽达默尔意义上的“视域融合”。我能够学习一种外国语言，或学着去适应另一种文化，与此同时不能将这种语言或文化翻译或解释给我的同胞。成为双语的或双文化的是一回事，能够将我们的语言或文化与另一种语言或文化进行匹

配是另一回事。说两种语言是不可通约的就是说一种语言中的很多东西无法被翻译到另一种语言中去。仅仅凭借我学会了两种语言这点无法取消上述结论。

伽达默尔那里的“融合”是个更深入的阶段。在这里，我们能够将一种人类意义序列安置到与另一种序列的关系之中，我们甚至能够打造出一组通用的术语，据此每种语言中的不同的基本选项能够相互关联起来。在这一进程中，我们扩展自己原有的家乡语言，丰富其词汇，扩大其参照系的范围，因而使它们能够容纳这种加深的理解。人类学和历史编纂学中充满了这种在具有鲜明差异——比如“耻感文化”和“罪感文化”、马塞尔·莫斯意义上的礼物交换和经济交换——的语言之间进行调和的努力。

但是就像这些案例表明的，这些尝试经常是脆弱的和易受挑战 130
的。我们从来无法完全保证我们没有歪曲被比较的文化。并且非常有可能的是，某些差异会一直拒绝调校。事实上，终极的不可调校的可能性必须被保留下来，这正是我们的“多元实在论”立场的本质性要求，我们将在第八章更深入地解释这一立场。唯有时间和不懈的努力能够告诉我们，在这一领域到底什么是可以被获得的而什么又是无法被获得的。总之，不存在任何先天的保证。

然而，在任何想要的融合之前、作为条件的是一种对起初的陌生他者的理解，这种理解根植于我们作为人类、语言动物所具有的普通的学习能力之中。如果能得到恰当的理解，一种“宽容原则”就从这一条件中产生。这种原则根植于一种接触理论，并最终依托于一种不成问题的“实在论”。它允许在人类文化之间存在实际显露出来的醒目差异和不可通约性，同时又表明我们实际上总是能够跨越这些障碍，即便我们无法消除它们。

另一方面，戴维森原则的困难源自他仍然局限在中介图像之中，因而他论证不存在不可通达的概念图式的根据会采取一种标准的反实在论论证方式：我们理解他者意义的可能性条件甚至会阻止我们发现一种绝对他性的概念图式。我们需要打破这种中介图像的束缚以便能够富有成效地处理跨文化理解这一问题。这一行动与其他行动一道见证了认识和出离这种中介 Bild（图像）——其在现代文化中已经变得如此根深蒂固——的重要性。

注释

[1] 这个表述是埃德蒙德·胡塞尔的，来自他的讲稿《危机》中的一个段落。在该讲稿中，忽略掉其他所有差异，胡塞尔认同了笛卡儿的基本立场。关于笛卡儿自己对既成权威的态度问题，可见其对“我们的欲望和导师”（nos appétits et nos précepteurs）的批评，载 *Discours de la Méthode*（Paris：Flammarion，2000）；关于洛克方面，可见 *Essay Concerning Human Understanding* 的导论部分。

[2] 有关语言的这种表达-建构功能的进一步探讨，可见 Charles Tayor，“The Importance of Herder”，in *Philosophical Arguments*（Cambridge，MA：Harvard University Press，1995），79-99。

[3] Ludwig Wittgenstein，*Philosophische Untersuchungen*.

[4] Donald Davidson，“On the Very Idea of a Conceptual Scheme”，in *Inquiries into Truth and Interpretation*（Oxford：Clarendon Press，1984），Chapter 13.

[5] Rorty，*Philosophy and the Mirror of Nature*.

[6] 这段话非常清楚地表明了戴维森对中介主义复杂图像中的脉络（1）的拒绝。但是正像我们表明的那样，这一图像还存在于其他脉络当中。Donald Davidson，“On the Very Idea of a Conceptual Scheme”，198. [中译本：戴维森，《真理、意义与方法》，牟博选编，275 页，北京：商务印书馆，2012。——译者注]

[7] Hans-Georg Gadamer，*Wahrheit und Methode*（Tübingen：Mohr，1975），289. *Truth and Method*，trans. Joel Weinsheimer，2nd rev. ed.（New York：Continuum，2004），304. [中译本：伽达默尔，《真理与方法》，洪汉鼎译，393 页，上海：上海译文出版社，1999。——译者注]

［8］Gadamer，*Wahrheit und Methode*，288. *Truth and Method*，303. ［中译本：同上书，390 页。——译者注］

［9］Marvin Harris. *Cannibals and Kings*：*The Origins of Cultures*（New York：Random House，1977），182.

［10］Bourdieu，*Le Sens Pratique*（Paris：Minuit，1980）.

［11］这种身体中人类意义的加入既表明存在着能够被普遍承认的基于共同的生物学结构的人类需求和行为，而且还表明每种文化根据它所界定的人类意义来改造我们所有的身体性姿态和行为，梅洛-庞蒂和福柯已经指明过这点。甚至是那些最“基本的”行为——吃东西的方式，表达性欲的方式，与他人开始对话的方式——都带有不同文化中的不同风格，并且局外人在这里常常会有出错的危险。然而我们很少在辨别这类“基本的”行为方面出错，对那些关于同一主题的不同风格的辨别也是如此。我们通常都能知道他们是在吃东西，甚或是在饥饿地看着食物——不管比如说礼貌用餐的风格（有的地方需要安静，有的地方则需要发出啜食声和打嗝声）或共餐规则是多么不同——再或者是能够知道他们吃的行为是如何关联于他们的人类意义的（文化 A 非常重视圣餐，而文化 B 则不然）。

［12］Merleau-Ponty，*Phénoménologie de la Perception*，404. *Phenomenology of Perception*，368. ［中译本：《知觉现象学》，443 页。——译者注］

［13］Davidson，“On the Very Idea of a Conceptual Scheme”.

［14］Ibid.，190. ［中译本：《真理、意义与方法》，264 页。——译者注］

［15］Ibid.，196. ［中译本：同上书，272 页。——译者注］

［16］C. P. Snow，*The Two Culture and the Scientific Revolution*（New York：Cambridge University Press，1959）.

［17］当然，L 中的某个用语无法被翻译进 L’ 中这一问题对于 L’ 而言只是暂时性的（此时 L’ 是种自然语言）。之所以如此，是因为语言是能够更新的、能被拓展和被发展的，就像我们看到的那样。伴随

着某些人种学解释，再通过对某些语词的逐步适应，非常不同的文化中的某些概念进入了我们自己的语言之中，这点是意义重大的。像 mana（神力）、tabu（禁忌）、seppuku（切腹）等词就是这方面的例子。当然，仅仅接纳别人的词语是不够的，就像在 tabu（禁忌）的例子中，我们对其的使用方式与原来的波利尼西亚语之间已经没有什么关系了。见 Marshall Sahlins，*Social Stratification in Polynesia*（Seattle：University of Washington Press，1958）。

［18］可见伯利克里的悼词，Thucydides，*Peloponnesian War*，Book Ⅱ，34-36。

［19］Thomas Hobbes，*Leviathan*（Oxford：Oxford University Press，2008），chapter 21.

［20］Davidson，“On the Very Idea of a Conceptual Scheme”，188.

［21］Gadamer，*Wahrheit und Methode*，342. *Truth and Method*，354.［中译本：《真理与方法》第 462 页为“从对他人的关系中反思他自身，并且因此成为他所不能企及的”。中译本错译了原文的意思，原文指的是科学态度的自我理解来自在与他人的关系之外思考自身，而不是从对他人的关系中反思自身。——译者注］

［22］Gadamer，*Wahrheit und Methode*，343. *Truth and Method*，355.［中译本：同上书，464 页。——译者注］

［23］进一步的讨论可见 Charles Taylor，“Understanding the Other：A Gadamerian View on Conceptual Schemes”，in *Dilemmas And Connections：Selected Essays*（Cambridge，MA：Belknap Press of Harvard University Press，2011），chapter 2。

［24］Martin Heidegger，*The Question Concerning Technology，and Oher Essays*，trans. William Lovitt（New York：Harper & Row，1977），42.

第七章　重申的实在论

目前我们已经讨论过，一旦摆脱了中介图像，我们就能看到自己 131
与日常实在处于一种直接的接触之中。现在我们可以再提一点：因为中介观点为围绕着“实在论”和“反实在论”的整个问题域提供了意义语境，所以如果抛弃了这种解释模式，那么整个问题域也就变得没有意义了。或者更好的说法是，我们意识到一种关于世界的不成问题的实在论，它不再是一种轻率的哲学“论题”。

然而悖谬的是，当我们进一步观察到世界是个合作性产物时，观察到我们直接接触的对象是由我们身体性地嵌入日常世界之中这一事实来塑造的时，我们看上去无法达到对人类活动之外的物自身的理解。事实上，只要我们的日常操作实践使得我们能够直接通达**日常世界**，那么它们似乎就堵死了任何对**是其所是的万物**的理解。

罗蒂愉快地接受了这种新的内-外区分。他认为，我们理所当然要受限于基于操作实践所能遇见的事物范围。因而我们不能认为科学是一种发现独立实在的方式，并且幸运的是，我们也不必如此。嵌入
性操作是我们能够拥有的唯一一种实在论，也是我们理解科学时依靠 132
的那种实在论。

然而，对于以下两点，我们**都要**承认：一方面，我们能够如其**向我们**显现的那样具身性地直接通达日常世界中的事物；另一方面，我们又持有一种实在论的科学观，认为科学能够**如其所是**地描述宇宙中的事物，这些事物独立于它们与我们的身体性能力和操作实践之间的关联。在其对查尔斯·泰勒的挑战中，罗蒂集中批判了我们的观点：

> 只有在我们用“就其本身而言”和“对我们而言”之间的区分来补充普通谈话和常识时，实在论才变得有趣。泰勒认为我承受论证的负担，因为他认为后一个区分不可能被简单地抛弃掉，对其必须认真处理。我认为，无论是他，还是任何其他人，都没有解释为什么我们不能仅仅抛弃它。除了告诉我们这种区分对我们有什么好处外，这种解释必须告诉我们更多的东西。泰勒和我一样，是激烈的反笛卡儿主义者。我一直希望他与我一道，抛弃这个区分。令人遗憾的是，他坚持赞同威廉斯……和其他笛卡儿的崇拜者的意见，认为这个区分必不可少。[1]

这里我们面临着两种观点之间的分歧：一种是罗蒂的，我们称之为**压缩实在论**，主张所有的对象甚至包括那些自然科学的研究对象都只有在我们的嵌入性操作背景之中才是可理解的，因而一种本然观点的想法基本上是不被理解的；另一种是我们自己的，可称之为**强健实在论**，主张要想理解自然科学所研究的结构的状况，我们必须拥有一种独立的实在。从强健实在论的立场看，压缩实在论是一种反实在论，局限在新的内-外图像之中。希拉里·普特南曾主张过作为该种实在论形式之一的**内在**实在论[2]（他目前已抛弃了这一观点），这点并非偶然。但是，难道我们没有陷入同样的逻辑吗？因为**日常世界**是由我们并为了我们这样的具身存在者组织起来的，所以我们能够直接通达这样的世界，对持这种主张的人来说，内在实在论难道不是唯一可能的实在论选项吗？我们如何能够一方面认为事物原初的不可避免
133 的意义要依赖于我们在世界之中的身体性存在，而另一方面又主张科学是对如其所是的、完全独立于我们的具身性牵涉的世界的描述呢？如果处身性经验是原初的，而不处身样式是从处身样式中**派生**出来

的，那么我们如何能够希望获得甚或接近一种本然的观点呢？看起来只能有一个结论，即我们的所见所闻都是我们无法脱开的身体和需要的变现。果真如此的话，那值得我们拥有的实在论怎么会不是压缩实在论呢？

为了回答这些艰难的问题，我们不得不接受罗蒂的挑战："除了告诉我们这种区分（'就其本身而言'和'对我们而言'）对我们有什么好处外"，我们还必须能够说出更多的东西。[3] 站在梅洛-庞蒂和塞缪尔·托迪斯的基础上，我们将对此做出回答。

我们从这一主张开始：行动者的世界是由其身体性存在塑造的。但是说你的世界是由某物"塑造"的到底意味着什么呢？这种关系与它经常被混淆的那种普通的因果关联之间存在着微妙的差异。我们集中来看看我们的世界由我们作为身体性行动者加以塑造的方式。这种方式不同于我们的某些行动者功能由物理因素决定的方式。比如说，作为一个知觉着的行动者，我现在无法看到我身后的墙。这能够由某些因果关系加以解释。光线的传播方式以及我的身体构造决定了从身后墙面反射出来的光线无法进入我的视网膜。在这种意义上，我的具身性无疑塑造了我的知觉，并且也进而在某种意义上塑造了我的"世界"。[4]

但是下面例子中的关系就非常不同了。我坐在这里，看着我的前方，关系是垂直定向的：某物在"上"，其他的在"下"；或是与深度相关而被定向：某物"近"，其他的"远"，某些东西"近在手边"，而其他的则"无法达到"；某些东西对走动构成"绝对的障碍"，而其他的则"很容易被挪开"。我现在的位置不能让我"很好地把握"这个场景，因而我需要向左边移动一下。如此等等。 134

这里的世界在如下一种意义上是由具身性来加以"塑造"的：我经验或"经历"世界的方式本质上是带有我们这种身体的行动者所具有的方式——这种行动者要保持直立行走，能够迅速地处理非常接近的事物，但只有当它们是在她前面时才行；需要做出移动以便能够接触较远的事物；能够很容易地把握某些事物而其他事物则不然；能够排除某些障碍而其他障碍则不易排除；能够移动身体以便获得一个更清晰的视野；如此等等。说我们的世界本质上是属于我们这种行动者的其实就是说我们用以描述自身经验的术语——比如上段中加引号的那些——只有基于我们的具身性背景才是有意义的。要想理解“近在手边”的意义就必须理解作为一个具有人类特殊的身体性能力的行动者意味着什么。某些外星生命可能就无法将此理解为一个可投射性术语。当然，“他们”可以找出某些外延大致相当的描述，但是要想像我们这样提出这一用语就必须能够理解作为一个具身的人意味着什么。最起码的是，你必须要先有手。

因而，说我们的经验是由我们的身体性构造/塑造的其实表达了两种非常不同的关联。在第一种关联中，即在我身后墙的例子中，我们看到这一构造对我们的经验——不管具有何种特点——所造成的影响。在第二种关联中，我们指出经验的本质是借助这一构造而形成的，即是说，借以描述经验的用语只有在与这种具身性形式的关系中才是有意义的。第一种关系其实就是一种普通的条件因果性。与此相反，第二种关系涉及某些用语的可理解性条件。当我们说我们的世界是由身体、文化和生活形式塑造的时，我们指的就是这第二种关系。

谈论物自体以及符合论真理的可能性，在于在因果性和可理解性
135 之外发现第三种关系。如果某人偏重因果性，那么他会走向自然主义。如果某人偏重可理解性，像胡塞尔和梅洛-庞蒂倾向于做的那样，声称科学对象建构自经验、派生于经验，那么现象学就走向了观念论。或者像罗蒂声称的那样，科学对象与踏脚石、温暖的房间、薄暮等日常事物比较起来，并不更多地独立于我们，也不更少地独立于我们，那么他就被束缚进了压缩实在论之中。[5]

为了使科学能够以一种方式与大多数实践者奉行的强健实在论立场相一致，我们需要这样来理解具身性：这种理解允许我们以非常不同的方式来处理日常世界中的事物和物理世界的结构。唯有如此，我们才能看到我们关于物自体和符合论真理的理解是如何产生于而又超越于以下**两种**关联的：我们与世界的直接的因果关联，我们与日常世

界的基本的理解性关联。

让我们来考虑一下，在拿起和使用近在手边的杯子的过程中到底发生了什么。首先，我需要看见这个杯子。做到这点并非易事。为了进行全方位的觉知，我们必须将自己与物理世界的因果力量相协调。作为具身性存在，我们不得不面对我们正在寻找的东西，考虑着对象的大小而移动到一个合适的距离，并保证视线畅通无阻。这样，我们的技能自动地顾及如下一种事实：正如因果知觉理论阐明的那样，为了能够看见一个对象，我们必须处于一个能够被对象身上的光线因果地作用的位置上。

因此，世界限制我们以便使我们与其保持同步，并当我们与其要求保持一致时使我们得以看见对象。不过，在获取对事物的最佳把握时我们是如此熟练以至于一般都会忽视这一事实：我们曾不得不学会将我们自己与自然限制相协调以便能够顺利进行觉知。只有当某些干扰因素使我们重新调整或移动到一个新位置上去时，我们才能意识到我们寻求一种最全知觉把捉的活动其实弥合了无意义自然的因果作用和我们的意义性知觉经验之间的裂隙。

一旦我们对杯子有了视觉把捉，要想抓住它，我们必须让我们的 136
手符合于杯子的物理形状。并且最后，为了拿起杯子将其举到我们的嘴边，我们的身体必须能够正确考量杯子的重量。就像约翰·塞尔指出的那样，如果我们拿起的是一个塑料啤酒杯但却认为它是由白镴制成的，那么最终我们会把酒洒在身上。事实上，我们的所有活动以及日常世界中的全部上下定向都必然将重力因素考虑在内。

托迪斯指出，一般来说我们只有在地球的垂直场域中得到正确定向后，才能有效地知觉和活动。

> 根据垂直场域本身进行的定向可能合适也可能不合适。也就是说，我们在其中有可能头脚正常也有可能头脚颠倒。垂直场域是我们的身体方向**在其中**得到定向的场域。另一方面，如果根据水平场域中的对象而非水平场域本身进行定向，那么笼统地谈论一种合适的或不合适的水平定向就是没有意义的。也就是说，说

我们左右颠倒或前后颠倒是没有意义的。[6]

因而，世界-场域——在其中我们的去中心化自我得到定向——较之于以自我为中心的经验在其中得以发生的水平场域而言更具现象学优先性。这一优先性表现在：我们在世界中进行合适的垂直定向的能力要比朝向经验的水平场域中的对象的有效定向的能力……更具现象学优先性。我们正常站立的能力使我们具有了活动能力，而不是相反。[7]

我们与垂直场域之作用的关系被表明是自发性与接受性特殊结合的最具启发性的例子，这种结合在我们与万物的关系中是必需的，因为它能够使我们在世界中有效地活动。

我们的首要问题既不是顺服（承认）这一作用，也不是抗拒它——这两种做法都没有知觉意义。我们的问题是**在**这一作用场域**中**有效地而非无效地定向自身，在这一场域中调整我们自身以与其相宜，从而信任这一场域，它使我们能够做我们要做之事……平衡我们自身，通过我们**要求自身**在与我们所处的稳定的垂直作用场域的关系中直立起来的方式，我们**被要求**垂直站立。平衡既不是纯粹主动的，像运动那样，也不是纯粹被动的，像被推动那样。它既是主动的又是被动的，两者相互渗透，缺一不可。[8]

137

平衡现象向我们表明，对象之规定依赖于我们，但是只有当我们根据真实的独立的实在来调整我们自身时，我们才能影响这一规定。

但是，只有当人们能够借助现象学走到确定的和概念渗透的知觉世界——分析通常开始的地方——下面时，人们才能看到这点。只有越过了以往的哲学史而了解到更多的东西时，我们才能看到那些和亚里士多德一样重视常识的哲学家一直主张的是什么，即才能看到我们与这个宇宙保有联系。现在我们可以看到，我们之所以与宇宙保有联系不是因为我们具有一种不具身的、超然的、沉思的能力，而是多亏一种投入的、主动的物质性身体，它能恰当地定向自身以便处理事物。

但是，压缩实在论的坚实辩护人无疑会回复说：我们当然在关于日常世界和宇宙万物的问题上必须是实在论者，但是出于同样的原因对信念符合事物本身的形而上学谈论却是多余的。就像罗蒂指出的那样："泰勒认为，一旦某个人逃脱认识论，他就达到一个'不妥协的实在论'。而我认为，一旦某个人逃脱认识论，他就同意他所拒绝的唯一的'实在论'形式是琐碎的、无趣的和常识的实在论，这种实在论断言所有真实的信念是真的，因为事物如其所是。"[9]

因此，根据罗蒂的看法，我们关于使科学命题为真的东西所能说的同关于使日常事物之信念为真的东西所能说的是一样之少。科学命题和有关日常事物的信念都要符合事物的存在方式，并且为了做到这点，两者都依赖于我们的嵌入性。认为有关棒球的真理依赖于我们的身体和文化认同，而科学真理描述的则是完全独立于我们和我们理解事物的日常方式的东西，这种看法并没有提供什么新意。 138

如果我们认为我们的信念仅仅来自其他信念并被其他信念所担保，不去追究这些信念是如何形成的，那么罗蒂的以下看法就是正确的：关于真理的符合论主张对于我们断定日常主张中的真理和科学理论中的真理并没有提供什么帮助。然而这并不意味着谈论符合毫无意义。它之所以没有助益，是因为它是背景理解——为我们追求日常知识和科学知识的活动提供基础——中的一个隐而不显的部分。

如果我们返回到最基本的、原初的在世方式，在那里我们被引导着对作为可供性的事物做出回应，那么就能看到我们与之打交道的是这样一个世界：它在帮助我们的同时又划定了我们的活动范围。我们需要采取恰当的态度，否则就会受挫或得到更糟的结果。向我们呈现为障碍物、支撑物、便利物，简言之，呈现为可供性的事物仿佛具有一种本体的稳固性和深度。它们为我们的活动划定了边界条件。这些事物具有后来在哲学上被称为"本性"的东西，我们需要对其保持敬畏，并调整自己去适应它们。

这意味着事物不仅显明为可供性，它们还秉有其他的特征，在提供给我们的东西下面还有一个结构。为了能够满足我们的需要，某些东西必须是坚硬的，比如一根木棒或木棍，这样才能从树上摘下水果；而其他东西必须是柔软的，比如一张舒适的干草床。但是，坚硬的事物也可以变弱，柔软的东西也可以变硬、变僵。是什么东西使得每一种事物要么是“正常的”要么是不正常的呢？又是什么东西使得它们一会是这样一会是那样？要想回答这些问题就需要探索这些对象的尚还隐蔽着的面相，它们奠基或说明着事物向我们显明的那些面相。

因而，我们的背景理解不仅理所当然地认为我们与边界条件相接触，这些条件独立于我们以及我们理解事物的样式，而且，比起我们能够清晰说明的部分，日常经验对象包含着更多的东西，我们把捉住这些日常对象的经验既揭示又遮蔽了这种结构：它奠基和说明着我们的经验，这些经验必须符合某些独立于我们的东西。

罗蒂和所有的压缩实在论者仍然会坚持抗议。如果我们关于科学之真理宣称的实在论所能说的仅仅是它们建基于我们日常经验中的一
139 种背景实在论之上，那么这样的真理就与我们的日常真理宣称一样，是相对于我们的日常实践而言的。甚至托迪斯对关于垂直场域作为一个**场域**——一种穿透我们的普遍作用力——的背景理解的有力描述也不是一种无成见的现象学发现，而是体现了有关重力的现代理解的影响。虽然亚里士多德不了解什么场域，但是他肯定不会把他的身体经验为处于一种独立场域——所有的行动者只要符合要求都能够从这种独立场域中获得帮助——作用之下的存在，而是会将其经验为一个倾向于在地心寻找其自然位置的物质对象——直立行走的人类必须反抗这种倾向。

看上去似乎是：没有哪些关于我们与日常实在的，甚至是那种被经验为独立和丰富的实在的直接的具身性遭遇的描述能够使一种本然观点的观念成为可理解的。对可理解性背景与我们的身体性结构之关联的强调看上去支持一种正好相反的立场——一种从**某处**而来的观点，即从我们的具身性嵌入之中而来的观点。换句话说，当我们想要

描述对象的其他面相时，即描述宇宙万物自身的结构时，我们能做的所有事情就是指出独立于我们的、我们必须遵守的边界条件，但是这些边界条件的结构是如何得到描述的则总是与我们的词汇、实践以及身体性的操作能力相关。

显然，宇宙万物具有**某种**独立的结构，我们这种具身性存在必须与这种结构取得恰当的关系以便经验任何事物，但是如果我们只能描述这些边界条件是如何影响我们这种具身性存在的，我们就仍然滞留于内在实在论之中。强健实在论者如何能够突破这样的背景理解——它使我们与事物的日常遭遇以及任何想要理解事物的隐蔽面相的企图成为可能——呢？如果我们无法做出突破，罗蒂和压缩实在论者就是正确的：我们所有的符合性断言都是内在的和冗余的。

事实上，它可能会导致：我们关于宇宙万物之独立结构所能知道的所有内容都与我们当下关于边界条件——它是由这一独立结构加之于我们的具身性活动之上的——的背景理解相关。但令人惊讶的是，伽利略及其同伴发现我们能够架空自己关于日常世界的直接而具身的经验。我们能够做到不去考虑依赖于我们的意义的日常事物的属性，我们的物质身体的形状和能力，甚至还包括我们关于与独立实在相接触的经验。由此，我们能够发现和探索一个可感物及其颜色、方位、 140
硬度、重量等属性之外的物理宇宙——一个没有远近、上下、早晚的宇宙。而且，借用海德格尔的说法，这种去世界化并不仅仅是一个消极的结果，当我们架空日常经验的世界时，我们还能发现普遍的因果法则和自然种类，后者的某些属性能够因果地说明所有其他的属性。

同样地，甚至对这样的发现还可以做一种观念论的解释。康德提出，在我们的这种不予考虑的架空态度背后遗留下来的——同质的笛卡儿空间以及作为新科学之基础的事态的纯粹序列——仍然是一种接受性能力的运作，因而我们不可能知道边界条件的本然面貌。像罗蒂那样的实用主义者会强调说我们只能在我们拥有的词汇之内来描述事物，无法知道事物的本然面貌。[10]

罗蒂的基本论点是：对宇宙万物的描述是由我们来决定的，因而即便存在边界条件，我们也不可能知道它们的本然结构，除非我们对其进行概念化。这一主张在他那里被视为一场哲学争论——一种符合宇宙结构的正确描述的想法是无意义的——的结果，在他对泰勒的批评中含有对宇宙万物有其自身的语言这一想法的嘲弄。而且，宇宙万物肯定不会自行言说。但是，是否存在一种符合宇宙万物之本质结构的描述，这种描述仅仅临时性地与我们理解事物的方式相关，这一问题仍悬而未决。

我们将指出，一种关于宇宙自身的优先描述的观念之肯定是个**有**
141 **意义的哲学问题**。只有在这一问题被解答之后我们才能进一步追问是否**实际上存在**这样一种优先的描述（以及是否我们的科学致力于发现这种描述）。这一问题无法通过哲学探讨而被解决。唯名论者的这种主张可能是对的：宇宙中的所有种类都是由我们带来的，但是结果有可能是：宇宙的结构有一种——或很多种——与其相符合的正确描述。必须明确的是，这并不是一个形而上学或修辞学问题，而是一个**经验**问题。压缩实在论观点的大部分表面合理性来自这样一种先天主张：对宇宙本身的描述是不融贯的，同时还来自基于这种立场对科学主张做出的后续评价。我们建议来单独考察经验证据。

首先，宇宙本身是否可能具有可理解性，关于这种可理解性我们的描述仅仅是我们自己临时的通达样式？如果存在具有本质属性的自然种类，并且如果我们能够用一种临时性的指称——在我们用来指称该自然种类的属性中，如果有本质属性的话，那么对于这些本质属性来说，这种临时性指称仍然是非约束性的——来表示一个自然种类，那么上述问题的回答就是肯定的。索尔·克里普克已经通过揭示他称之为严格指示词的功能，尤其是自然种类之样式的严格指示词的功能，为一种实在论科学的可能性做出了辩护。

让我们来看看克里普克的两个例子。我开始时探索的是某种闪烁着金黄色的东西，最后却发现其本质是原子量为 79 的原子，其到底是不是金黄色的并不重要。或者再来看看另一个例子。我首先将闪电看作夜空中光的一次闪烁，最终发现它本质上是一种放电现象。因而，一个所谓的自然种类首先被一种指向其某一特征的描述加以指示——比如黄色的东西。这种指向确定了指称，但是却没有迫使指示者认为：用来指向这个种类的属性就是这个种类的本质属性。[11] 因而，先前的描述，虽然与我们的兴趣和能力相关，却为发现事物之本 142
质属性的探索活动打开了空间。由此，克里普克就表明了指示性指称的工作方式使得我们能够通达自然种类——其本质属性与我们通达它们的样式无关——这一想法成为可理解的了。

一旦我们处于中介图像的最新版本——我们只有在我们的实践内部并通过基于这些实践的描述才能认识事物——之外，并认识到它是一幅图像，那么如下一种主张就被表明是需要（缺乏）哲学辩护的：我们必然深陷在自己的可理解性样式之中，因而本然的观点是不可能的。进而举证责任也发生了改变，由后伽利略科学的进步提供出来的证据就是我们在做出以下宣称时所需的全部证据：我们**的确**在获得一种关于在知觉中碰到的那种要求我们与宇宙自身的结构保持一致的边界条件的越来越好的理解。

这种证据是为人熟知且具有说服力的，但是因其在内-外图像内部被以越来越细微的方式加以质疑，我们有必要在这里对其做一下检视。

目前我们已经讨论了：（1）我们能够越来越有效地**处理**知觉世界提供出来的**可供性**；（2）对于我们周围的**对象**我们也获得了越来越好的**概念性**把握；（3）某些文化实践更具融贯性和较少歪曲性，因而能够取代其他文化实践。现在我们再加上（4）对自然的某些解释能够更好地说明宇宙的运作方式，我们的自然科学提供的说明是目前为止所有能用的说明中最好的一种。

让我们回到日常操作来开始讨论。当我们在知觉经验中遇到异常情况时，我们知道如何在我们当下的理解中找出问题所在并进行改进。如果我们走进一个咖啡馆，发现它对于其所在的建筑而言太大了，当我们看到墙面上装有镜子时我们就平息了这种怪异感。然后各项事物各就各位，我们模糊的部分性的知觉把握也开始变得清晰和牢

靠。与此类似，当我们游览一个城市时，我们会逐步获得一个越来越
143 清晰的理解，因而我们在每个拐角处不会再感到惊讶和迷失。一般而言，在我们与世界之间的日常知觉交流中，我们被引导着走向一种对周围环境的更加清晰和更加牢靠的把握。

知觉经验中的这种更迭可以被用来支持一种对自然科学的强健实在论解释。事实上，科学进步有其自身内在的生成性方式。我们并不认同托马斯·库恩的观点：亚里士多德和伽利略的世界无法进行比较，因为它们探索的是不一样的问题。我们甚至能够找出某些亚里士多德遇到而伽利略又能够解释的具体问题——比如，弓弩和枪支发射出来的弹丸并非径直冲向它们在地心的自然位置，而是沿着一条抛物线路径运动。或者举个更简单一点的例子（我们在第三章提到过）：通过假定地球运动而非太阳运动，哥白尼能比那些本轮理论家更好地解释月上天体的运动，天文学家进而能够发现太阳最好应被视为恒星而非行星。

我们不得不转换到新的范式上去，因为这种新的理解能够解决那些困扰旧范式的异常现象。根据这种新理论，我们认为旧的异常现象是棘手的，并且虽然新理论自身也带有异常现象，但是我们会认为从长远来看这些问题都能够被解决。因此，关于惯性的伽利略-牛顿式理解能够允诺我们解决困扰古老的亚里士多德观点的“暴力运动”这一难题。根据这种旧的理解，每个运动都需要借助一个同时在场的运动者来获得解释，持续的运动需要持续的因果作用力。但是在被抛物体的例子中，或者在诸如炮弹那样的抛射物的例子中，要想辨认出这样的作用力看起来是不可能的。如果我们采取惯性立场，这整个疑问就消失了，并且一种对所有现象的清晰解释也会出现，在这里需要被解释的不再是持续的运动，而是速度的**改变**。

同样地，一种文化关于科学的背景理解也是在进化的。开普勒成功获得了关于天文现象的一种更加完备清晰的把握，这表明在亚里士多德的背景理解——人们不能够也不应该尝试用同一种方式来解释所有的现象，包括月下世界的现象和月上世界的现象——上可以做出改

进。这反过来削弱了古希腊将科学理解为 empiria（经验）的做法，就像伽利略的发现削弱了中世纪关于 scientia（知识）的观念那样，并最终导致了将科学理解为 research（研究）的现代做法。正如海德格尔指出的那样，research（研究）不同于 scientia（知识）和 empiria（经验），它要求一种**普遍的**基础性规划，进而想要把**所有的**异常现象都纳入这种规划之中，而不是仅仅将这些异常现象视为非自然事件、怪物或奇迹。这种将科学理解为**世界图像**的新做法反过来使我们对自然的理解更加全面和有力。[12] 根据牛顿的基础性规划而非亚里士多德对日常经验的系统化概括，更多的现象具有了更丰富的意义，也就是说，它们形成了一个更加融贯的整体。 144

由此，我们可以看到科学革命是一种更迭过程。如果它们没有被立刻接受，是因为旧观点的影响还在，而不是因为它们的非理性动机。证据就在于：在科学中，就像在墙上装有镜子的咖啡馆的例子中一样，一旦人们理解了这种新的全面看待事物的方式，他们就不可能再回到那种旧的方式之中了。

逐渐地，我们能够发展那种意在回应在日常操作中我们必须顾及的结构的理论。我们开始理解，为了能够有效地活动，我们不仅要抗拒身体下坠的倾向，在重力场域这一作用力地带保持平衡，我们还越来越了解我们感官的运作方式以及光能、声能的传播方式，这反过来解释了为什么我们必须不断移动以便获得一种最佳的知觉把捉。

因而，我们的科学对那种为我们的活动划定范围并当我们与其保持一致时给我们提供支持的客观自然的结构获得越来越深入的理解，这又反馈和改进着我们的日常把握。反过来，这又巩固着我们的确信：我们的科学的确在描述着宇宙自身的结构，我们的操作从一开始就与这一结构处于一种直接的接触之中。但是，即使罗蒂同意我们的自然科学是由某些样式的推理——它们至少能够充分证明某些范式转变，比如从亚里士多德力学到后牛顿力学的转变——来界定的，他仍然想重申这样一种主张：指出科学的目标在于获得一种关于实在之结构的正确描述，这其实没有什么作用；那种关于符合的谈论是相当无用的。

145 也许，我们通过下面的类比能够理解罗蒂的主张。比如我们正在观看一群爵士乐师在排练一段音乐。他们用一种方式演奏，然后有个乐师开始对他那部分进行改动，每个人点头微笑——对这样的改动表示欣赏！然后又有一位乐师做了同样的事情，并取得了同样的正面效果。我们可以把这些新的即兴创作类比为范式转换。在我们的例子中，改动被所有参与者一致认为取得了较好的效果。我们甚至可以说他们所有人都拥有一个共识，即表演借助这些改动得到了改进——甚至可以说是曲子的本质在要求这点。

但是现在，当我们说新版音乐更加接近音乐的理念时，或更加接近作为音乐的音乐时，我们到底增加了什么呢？无疑，这种问法只是将我们都已然知道的东西包装进了一种沉闷的形而上学外衣之中；它更容易模糊问题而非澄清问题。

罗蒂似乎对我们的科学持有类似的观点。即便从亚里士多德到牛顿的运动可以说是由法则促成的，在罗蒂看来这无非只是告诉了我们该如何玩这一游戏。游戏本身就是其合理性的根据；或者如果它有某种更深的根据，那只能是它“助益于”我们人类的一种更健康、更长远、更有效和更繁荣的生活。但是，当声称游戏的目的在于对独立于我们的实在进行真实的描述时，这种说法并没有什么作用。

现在，甚至是“更有效”这种说法让我们想到的都是后伽利略科学在诸多领域——虽然存在很多新理论涌现的情况，甚至还有一些领域目前还没有获得科技回馈（在诸如宇宙论这样的领域则永远不会获得）——中为我们赢得的不断增长着的预测和控制，但是我们一般仍然会这样来想：在科技回馈出现的地方，说明我们已经正确把握了深层结构。

这里有两个问题：随着科学理论的发展，我们是否能够更好地预测和控制现象？预测和控制是否可以充当我们的理论，符合于一个独立的实在的证据？我们认为，没有人会怀疑随着科学理论在解决异常现象方面的进步，我们也受益于能够越来越准确地做出预测，它还为我们能够更好地操控自然以服务于我们的需求打开了新的空间。

然而，比较困难的是在哲学家那里取得对如下一点的共同认可：这种控制表明了我们的理论越来越准确地符合宇宙的结构。我们将争辩说，就像在日常知觉中那样，当我们进行操作活动时对更加可靠的预测的经验就意味着对世间事物及其行为方式获得了一种更好的把捉，同样地，只要科学技术能够在日常世界中获致更好的预测和控 146 制，我们就应该认为它们对宇宙结构获得了一种更好的把捉。但是，压缩实在论者会反驳说，对于实用主义者而言，控制并非符合的证明，它只是那些我们精心打磨以便拓展我们的兴趣的科学理论的副产品而已。事实上，一般来说我们只会资助和跟进那些碰巧能够让我们控制自然的理论。由此看来，当我们声称我们正确把握了隐蔽的宇宙结构时，这不是说控制为此提供了证据，而是说我们只是获得了更多的控制而已。

所以，看上去似乎是，甚至理论更迭和控制都无法向那些持有我们走不出语言、能力和实践——所有的可理解性必然是相对于**我们的描述**和**对我们有用**的事物而言的可理解性——观点的人证实：我们科学的进步和力量表明了它是朝向宇宙的自在结构而前进的。

既然如此，那该如何让他们相信呢？也许没有什么东西能够让一个想要停留在康德式的内-外图像之中的人相信这点。但是，我们可以考察，非实在论者在这里所依赖的那种区分，即何物“有用”和何物带领我们接近真理之间的区分，是否能够恰当理解**科学家**的实际工作。我们来看一个类似的情况：设想你正在观看柏林世界杯决赛，你身边的同伴来自（落后的）北美地区，对足球游戏毫无所知。他问你正在上演的到底是什么，你回答说：“不管哪个队，只要能在规则规定的范围内得分，它就赢了。”你的同伴可能会感到你在敷衍了事。他自己能够理解其中的大部分内容。如果你继续解释进球等是什么意思，你只是在答非所问。他需要知道的是游戏的要点。

相同地，如果科学是一个“游戏”，那么它的要点就是找出包括那些影响我们的要素和力量在内的周围事物的真实活动方式，这包括对控制事物行为的法则做出界定。你不可能在向别人解释这点时而不使用诸如“真的”“正确的”“真实的”等词汇，就像你不可能在不谈论“射门”和“得分”的情况下就让你的体育馆同伴满意那样。

147 如果上述所有考虑都没能动摇一个反实在论读者，那么我们再加一点。正像关于我们与日常事物之间的直接操作关系的现象学描述表明的那样，我们没有被禁锢在自己的皮肤或心灵之中，而是向着一个共享的世界开放着自身。同样地，在我们的科学实践中也会有一些被揭露的现象表明我们的真实理论符合于一个独立的、持存的宇宙。

注释

［1］Richard Rorty，“Charles Taylor on Truth”，*Truth and Progress*，vol. 3 of *Philosophical Papers*（Cambridge：Cambridge University Press，1998），94.［中译本：《真理与进步》，73－74。——译者注］

［2］Hilary Putnam，*Reason*，*Truth and History*（Cambridge：Cambridge University Press，1981）.

［3］Rorty，“Charles Taylor on Truth”，94.［中译本：《真理与进步》，74 页。——译者注］

［4］这并不是说在光线和视线之间有一种法则一样的联系。刺激视网膜的电磁辐射是我能够看到墙的必要条件而非充分条件。其他的方法都犯了梅洛-庞蒂所谓的经验主义者的刺激错误。在这种看我身后的墙的情况中，他指出，虽然视网膜刺激具有明确的边界，但我的视域却没有，并且事实是，我们确实对我身后的墙有种把握，在这种把握中它就如同被把握为事物正面的东西那样，不同于被把握为一间房屋的东西。如果我认为在我身后有一个断崖，那么我面前的世界就会是另一番模样了。见 Merleau-Ponty，*Phenomenology of Perception*，trans. Donald A. Landes（Abingdon，Oxon：Routledge，2012），69－73。

［5］关于压缩实在论的专门的深入解释，可见亚瑟·法因对自然的本体论态度的描述。Fine，*The Shaky Game*（Chicago：University of Chicago Press，1986）.

［6］Todes，*Body and World*，123.

［7］Ibid.，124.

［8］Ibid.，125. 皮欧特·霍夫曼在为 *Body and World* 写的导论中强调指出，托迪斯有关平衡的现象学解释对于防止现象学滑入观念论具有极大的重要性。我们在此对托迪斯开创性的、令人信服的洞见以及霍夫曼对其重要性的认同借鉴颇多。

［9］Rorty，"Charles Taylor on Truth"，93-94.［中译本：《真理与进步》，73 页。——译者注］

［10］像胡塞尔，可能还有梅洛-庞蒂那样的现象学家会总结说，科学的法则和本质必然是抽象的，其与日常世界的关系就像地图与实地区域的关系那样，只有在与日常世界的关联中科学才会充满意义。见 Edmund Husserl，*The Crisis of the European Sciences and Transcendental Phenomenology*，trans. David Carr（Evanston，IL：Northwestern University Press，1970）。像伊安·哈金那样的唯名论者会继续指出，为了能够描述某物，我们必须首先将对我们的工具有用的杂多材料组织成有功能性效用的类别。见 Ian Hacking，*The Social Construction of What*?（Cambridge，MA：Harvard University Press，1999）。这些人都认同这样一种结论：我们无法出离我们的知觉能力、语言以及实践。

［11］我们并不相信，包含在关于本质的主张中的必然性需要关于大卫·刘易斯式的可能世界的主张。比如，达格芬·弗勒斯达尔就要求一种类似克里普克那里的严格指示词，但是所不同者在于这种严格指示词带有更少的本体论意味。对于弗勒斯达尔来说，对"所有可能世界"的考虑被划归进对我们的语言使我们能够追踪对象的考虑之中，虽然我们关于这样的对象有很多错误的信念，不了解它们的很多属性，也不知道它们的属性如何随着时间而改变。Føllesdal，"Essentialism and Reference", *The Philosophy of W. V. Quine*, ed. Lewis Hahn (La Salle: Open Court, 1986), 97-115, esp. 107; Saul A. Kripke. *Naming and Necessity* (Cambridge, MA: Harvard University Press, 1980), 15-21.

[12] Martin Heidegger, "The Age of the World Picture", in *The Question Concerning Technology and Other Essays* (New York: Harper & Row, 1977), 115-154. 还可见 Jan Assmann, *Moses the Egyptian* (Cambridge, MA: Harvard University Press, 1997)。

第八章　多元实在论

我们已经看到，在 17 世纪时我们的文化对独立于所有人类解释的自在的宇宙结构做出追问，并最终发展出一种声称追求本然观点的科学（第七章）。同样地，西方思想家多次声称要在全世界多样的文化布局后面发现一种不变的结构，一种独立的人类本质，它在原则上能够被任何地方的任何人所理解（第六章）。我们试着为第六章和第七章中的这些实在论主张进行辩护，但是任何辩护都必须面对严肃的反对意见，这些意见要求拓宽我们在自然科学和人文科学中对强健实在论的理解。 148

在第七章中我们看到，克里普克对严格指示词的解释使我们能够理解宇宙如何引导着我们去发现科学用语的意义，这些用语已经摆脱了任何对我们的意义-赋予之实践的本质性依赖。但是，严格指示词有一个麻烦的后果。它不仅使我们认识到，当我们的科学发现自然种类的本质属性时，它能告诉我们这些种类到底是什么，不管它们存在于宇宙的何处；它还使我们认识到，能够正确使用这些自然种类用语的任何一个人都必然通过这些本质属性指向这些种类。事实上，如果 149
我们真的发现了黄金的本质属性，那么必然成立的就是：即使在古埃及，黄金也是由原子量为 79 的原子组成。并且只要是意义决定指称，克里普克的观点就进一步意味着：在古埃及人能够顺利指示黄金的任何时候，他们都是在不知不觉地谈论由原子量为 79 的原子构成的自然种类。

所有这些似乎是说，在黄金的本质这一问题上，其他的更早的对其有不同看法的文化在相关理解上是错误的。无须再多说什么了。

这些观点的命运与那些早先在西方科学史中扮演过重要角色的错误性理论的命运类同。这些理论求助于燃素或卡路里来解释某些现象。[①] 被称为卡路里的东西一度被认为是热量背后的东西。它作为一个自然种类用语指的是：它的在场解释了事物的热量，它的不在场解释了热量的缺失。但是对于最近两个或更多个世纪而言，这条路被认为是死胡同。它已经被扔进历史的垃圾堆。文艺复兴时期受炼金术影响的对黄金的理解，其命运同样如此，还有在很多古代文化比如阿芝特克或古埃及文化中盛行的那种看重黄金的看法，同样早已被废弃了。我们还可以提到古人将闪电理解为诸神之箭的看法，这种理解已经被放电理论决定性地超越了。但是，考虑到一直就存在着能够很好地和我们的文化及世界相媲美的其他文化和世界，因而我们在此并不会接受克里普克观点的后果。不可否认的是，对于**我们**而言，考虑到我们关于自然的现代西方式理解，一种本质属性的确解释了相关种类如何能够服从诸多普遍的因果法则，并且这些因果法则能够在每时每地均成立。但是对于另一文化中的人们而言，比如古埃及人，黄金的本质属性可能在于它是神圣的，因而能够发出神圣的光芒。在不接受克里普克的科学实在论——只要我们关于自然的科学理解是真实的，那么其他文化所持有的关于自然的不同信念就必然是完全错误的，比如古埃及人将黄金的本质属性理解为一种能够产生光芒的神圣力量的

① 卡路里理论其实早已被热力学理论超越，成为一个废弃的科学理论，只是在一般生活用语中还会经常出现。因而作者在此处会说卡路里理论其实是个早先的错误理论。——译者注

看法就是完全错误的——的前提下，我们该如何接受这样一种主张呢：真实的科学断言符合自在的自然？

在开始回答这一问题之前，我们必须记住我们的文化很可能是唯一一种宣称自己关于事物种类的理论符合于这些种类本身的实情的文化。其他文化并不会在现代西方科学的意义上来追问宇宙本身的实情。它们没有追求一种本然观点的想法。仅仅因为我们有这样一种想法，所以我们才会致力于宣称我们对自然种类词的界定涵盖了任何人在任何时间、任何地点正确使用这些词时的意义。 150

当然，我们的科学理解如果是真实的，那么它在古埃及人的世界中也是真实的，即使他们不理解它，但是这并不意味着他们用黄金来意指的东西是由我们的科学来确定的。他们并没有一种对作为一个自然种类的黄金的竞争性的、普遍的“本然”解释，但是他们也不是**隐名**的压缩实在论者。黄金是神圣的这点大概不会被理解为是**相对于他们关于其描述而言的**，但是说他们认为神圣性是一种所有人都必须承认的普遍真理也是不准确的。当我们退回到“多神论”文化盛行的时代，情况会明显变得更加复杂。每个人都有他自己的神，人们也模糊地承认其他人有其自己的神，不会将这些神看作不存在的或不真实的。这就是古地中海人理解宗教多元化状态的方式，在古代世界多元文化城市中，越来越多的人开始接受这种方式。只有希伯来人，冒犯众意，旗帜鲜明地主张说其他人的神仅仅是虚构之物，是“人造之物”。[1] 然而，“多神论”理解看上去在人们中间更为普遍。关于神圣的多元本体论似乎也普遍存在，比如在北美土著民那里就能看到这点。

在对于我们而言那个不可避免的问题——在这些不同的有关神圣的理解中，哪种理解是正确的（还包括，在所有的可能性中，这些理解都是错的，因为根本就没有神圣）——出现之前，重构这些时代中的人们的观点是困难的。我们今天想拿出来的任何构想似乎都有点尴尬和不太合适。这些先前的人很可能会认为，他们既不是简单地**发现**了有关自然和诸神的普遍真理，也不是**创造**了关于这些东西的描述， 151

而是凭借自身的生活形式从自身的立场出发来**揭示**实在。因而他们含蓄地认同的是，自然得以揭示的方式有赖于海德格尔称为“不同的对自然过程的观看和研究方式”[2]。

压缩实在论者的如下看法是正确的：一旦世界之敞现得以被认识，像克里普克那样的宣称——对每个具体世界中相互依赖的自然种类的描述要么符合于自在的宇宙的单一结构，要么就是错误的——就是有问题的了。但是这并不意味着人们必须放弃关于符合的强健理解。我们的特殊文化确实对独立于任何文化解释的宇宙结构做出思考，并最终发展出一门能够声称获得本然观点的科学。所有目前可用的证据都证实了黄金是一个自然种类，其原子量为 79 这一本质属性能够在普遍因果法则的范围之内说明所有其他属性。当然，其他文化对何为本质属性会有不同理解，对黄金的重要性所在也会有不同看法，因而可以将其他某种属性当作本质属性。甚至可以说，黄金的任一属性，比如它被开采于何处都能够被某些文化当作一种本质属性。

即便如此，人们也不能直接得出反本质主义的结论。将黄金本质性地理解为拥有原子量为 79 的原子这一做法确实解释了，或至少承诺能够解释黄金的因果属性。这些因果属性对于我们是重要的这点仅仅是我们通达黄金的可能样式，因而黄金的原子量能够很好地符合于**自在的**黄金的结构。仍然可以说，原子量为 79 不必被考虑为黄金的本质属性。它只有在与我们以特有的方式思考自然以便揭示其独立的属性有关时才是本质性的。也许古埃及人所揭示的黄金的属性只有通过他们的宗教实践才是可理解的。

152 因而，黄金**是**什么要依赖于一种文化实践。这向我们表明罗蒂式的实用主义者具有某种正确性：人们不应成为现代科学主义的本质主义者。我们的科学，如果正确，它向我们指明了那种能够解释黄金的其他物理属性的属性，但是它并不一定就穷尽了所有。正像海德格尔指出的那样：“科学通过这些说明来表象某种现实之物，以之为客观目标。但是……科学始终只能针对它的表象方式预先已经允许的东西，亦即对它来说可能的对象。”[3] 如此看来，古埃及人对黄金本质属性的理解，如果是真的，同样能够符合于或揭示自然的面相。

考虑到我们对更迭的理解，我们认为，我们能够或至少原则上能够将我们的科学以及“在其自身”和“为我们而在”之间的区别教给古埃及人。他们进而既能看到黄金在我们的理解中乃是一个自然种类，带有原子量为79这一本质属性，同时也能看到我们关于自然的祛魅性理解忽视了自然的神圣性，我们的科学无法看到自然种类的神圣本质。甚至是关于自在事物的本然观点也仅仅是敞现事物的一种有限方式。再次，像海德格尔说的那样：“在物理学上被表象的东西就是自然本身，但肯定只是作为对象领域的自然，后者的对置性只是通过物理学的加工而得到规定的，并且在其中特地被建造起来。”[4]

因而，虽然黄金的光泽这一物理属性被我们的科学根据普遍法则和本然观点进行了**因果的**说明，但黄金闪烁出神圣光芒这一本质性的神圣属性也可能仅仅对古埃及人的宗教实践而言才是可理解的。这种在前现代文化实践中的符合主张，如果被详加表述的话，相当于说：他们的实践能够获得关于实在的**一种看法**，它符合于**实在的一个方面**，同时并不认为具有一种能够揭示**自在的**客观实在的**本然观点**。由这种实践**揭示**的这个方面能够表现出只有通过这些特殊的实践才能被**激活**的因果属性，而追求本然观点的祛魅性科学无法发现这些属性。由此，从我们的科学立场来看是神秘或不可能的东西却可以在一组特定的实践活动中得到因果的说明，这组实践揭示了另一类与我们目前 153
所理解的科学不同的因果性。在这种意义上这两种解释是不相容的。在可设想的最极端的情况中，这些由某种文化激活的因果属性甚至能够凌驾于科学发现的那些因果属性之上。如果能被确认的话，升空现象或超感官知觉就是这样的例子。当然，我们的以统一性为基础的物理学进而会被调整以便能够适应这些现象，再或者就是直接被抛弃。

此外，虽然我们目前还不知道任何其他的关于自在的自然的普遍理论，但是我们不理解的东西还很多，有可能存在着获致我们的西方科学尚无法把握的普遍的因果属性的其他途径。针灸治疗迄今为止还在拒绝用西方医学的方式来理解它的成功，我们只能接受关于身体的两种看法：一种是根据分子结构和电子脉冲理论来理解身体，另一种则是通过描述一种无法由我们的物理学解释的能量脉络的方式来理解身体。我们还能够看到对实在进行两种不同解释的需要，一种解释意在根据自在的自然向超然的观察者显现的那样来描述其各个方面，另一种则根据实在向参与性的人类显现的那样来解释实在。科学家和哲学家至今终究没能调和关于物理实在的机械理论与那些似乎不可否认的事实——比如自由意志、意识和意义——之间的矛盾。所有这些观点的汇合肯定是令人满意的，它向我们中的那些以西方的方式拷问自然的人保证，在关于**宇宙**的问题上，我们的理论描述的是独立的实在，但是我们必须意识到，在自然的运转方式方面不存在那种单一的特许的方式。

所有这些都导致了这样一种结论：虽然根据我们的祛魅性科学来看，不管人们知道或关心与否，黄金的原子量是 79 这点在任何地方都是正确的，因为这一属性能够说明所有的因果属性，但只有相对于我们思考自然事件的那种祛魅方式而言，原子量为 79 这一属性才能够被视为黄金的本质属性。更一般地来说，关于黄金不存在单一的本质属性。鉴于以上这些考虑，在思考本质的时候人们必然是多元论者。

一旦我们从最后的内-外中介图像——认为我们必然被束缚在关于实在的描述之中——中挣脱出来，我们就能够同意罗蒂所主张的不
154 存在正确描述自然的**唯一**语言，同时与罗蒂相反，我们认为完全可以有很多种语言，每种都正确地描述了实在的一个方面。因而我们的立场可以被称为**多元强健实在论**。也就是说，可以存在（1）追问实在的多种方式（即所谓“多元”），而这些方式（2）揭示了独立于我们的真理，这些真理要求我们改正和调整我们的思维以便能够把握它们（即所谓“强健实在论”），以及（3）所有想要将这些追问实在的不同方式整合成一种能够产生统一的图像或理论的单一模式的做法都是行不通的（即保持为多元的）。

1

显而易见，在当今的文化语境中，我们所倡议的这种立场的难以辩护性是修辞上的而不是理智上的。在今天有两种强势立场得到拥护——其中一种我们称之为现代科学主义，另一种称之为主观主义和相对主义。每一方都自认为是最有前景的观点，双方的对峙异常激烈。每一方都想通过揭示对方观点的缺陷来论证自身的可信性。对于科学主义而言，对现代科学之唯一真理的任何质疑都等同于对真理这一范畴本身的拒斥。然而对于罗蒂及其他人而言，逃脱现代科学之帝国主义的唯一途径正是对这一范畴进行质疑。

我们在这里所采取的方向动摇了这一图像，因为它引进了第三种可能。我们肯定会被双方看作对方的拥护者——罗蒂主义者会视我们为科学主义者，而科学主义的追随者又会把我们看作真理和科学的敌人。从我们的立场来看，我们不得不进行双线作战，以便在这两种极端立场之外开辟新的可能性。

这就是我们在前面一直在做的工作，我们一直努力表明的是，现代科学把握自在事物的有效性主张与存在着多元的揭示世界（自然、宇宙、万物）的视角这一主张是相容的。

但是，这一立场可能会受到我们尚未考虑的一种观点的攻击。我们的立场最终说来有可能被认为仍然局限在科学主义之内。也许现代科学可以被认为是建基于一种巨大的未经验证的假设之上，但是我们却轻率地接受了这一假设。

毕竟，对统一性而非多样性的偏爱难道不正是一种西方的偏见 155
吗？难道我们不应该和尼采及其他唯名论者那样，怀疑所有的统一性都是为了方便我们的活动而强行制造出来的东西吗？不可还原的多样性，就像在量子物理学中那样，可能对于证明一种独立的实在而言更为合适。即使对统一性的需要根植于我们的身体和与身体相关的一体性的知觉的统一之中（无疑肯定如此），难道这没有表明对统一性的这种偏爱仅仅是另一种我们需要克服的偏见吗？

在前面我们论述过，在人类文化的早期阶段存在这样一种状态：每个人都可以有自己信奉的神，人们不会追问谁的神圣者概念是最终正确的。这种看待事物的方式在某种程度上经过（犹太教-基督教-伊斯兰教）一神论传统以及古代世界的伟大哲学发展而被尘封进历史之中。柏拉图和亚里士多德发展出了一种单一的、融贯的宇宙体系。这种迈向统一性的步伐在那时就开动了。现代科学继承了这点，但为其增加了一种新的含义，即优先性的观点是本然的观点，它超越了我们所有的局部性看法。

但是，还存在如下一种看法：关于实在的优先性观点并不希求本然的观点，而是希求能够比所有其他的观点更卓越。柏拉图主张说哲学家一旦逃离了洞穴就会拥有这样的观点，此外，后期犹太教、佛教以及基督教莫不如此，它们都主张一种真实且普遍有效的观点，而不是那种本然的观点。

但是，即便对宇宙之单一性的这种理解在我们的文明中是个值得尊敬的传统，我们仍然要问：它仅仅是一个偏见吗？我们认为答案既可以是肯定的，也可以是否定的。如果我们指的是我们的世界观的一种深厚牢固的特征，我们就可以回答说是的，它是西方的一个“偏见”。而且，正如我们上面提到过的那样，这种特征可以说被锚定在我们关于身体之统一性的意识之中。但是如果我们指框定研究活动的那种假设，它自身无法在研究的过程中被建立或推翻，那么我们就得说它不是一个“偏见”。一种统一性的观点符合于实在的一个方面，这点从我们总体化的科学（研究）的成功和朝向视域融合（第六章讨论过）的进步那里得到了支持。简言之，统一性和多样性问题最终说来是个最宽泛意义上的经验性问题，即必须依靠最后被表明为正确的东西来加以衡判的问题。

156 证据在于：对于统一性 vs. 多样性这一关键问题，至今仍无定论。事实确实是：我们关于实在的看似不相容的理解，如果它们是真的，那就必然能聚敛为一，这一假定其实颇多来自我们使自己确信对日常实在能有一个最好把握的基本方式。我们不可能满足于两种矛盾的知觉，比如我们走进的咖啡馆既是大的又是小的。但是，我们必须适应如下一种观念：虽然在日常知觉中对事物的所有看法最终必然会被整合，但是物理本性和人类本性却可以为不同的视角所通达，这些视角揭示了自在事物的那些也许是不相容的但至少是不能相互还原的本质特征。

甚至将范围缩小到我们自己的文化史，我们也可以发现我们经历了很多不同的阶段，在这些阶段中自然被细心照料，进而被主宰，或被视作由上帝创造的自然之书，进而又被客观化和开发，到如今，自然被视为一个资源场地，能够最大限度地满足我们的所需。现在，将自然视作涌现、逗留与消逝的前苏格拉底理解[5] 似乎正在作为盖亚原则——根据这种原则，自然应被理解为对我们有所要求之物，而我们则应被理解为自然的守护者——重新焕发生机。并且，关于自然的客观化看法已经在浪漫主义时期的诗作中被质疑过了。华兹华斯写道：

> 我还庄严地感到
> 仿佛有某种流贯深远的素质，
> 寓于落日的光辉，浑圆的碧海，
> 蓝天，大气，也寓于人类的心灵，
> 仿佛是一种动力，一种精神，
> 在宇宙万物中运行不息，推动着
> 一切思维的主体、思维的对象
> 和谐地运转。[6]

我们对指责追求统一是个偏见的既是又否的回答可用另一种方式 157
来概括。我们确实倾向于寻找一个关于所有现象的统一理论；在这一过程中我们也许不仅被我们的文化传统所推动，同时还特别地由我们是世界中的具身存在者这一点所要求。统一两个至今毫无关联的理论的能力能够增加我们对两者的信心。因而，正如 19 世纪人们在解释物理学和化学的汇合时所遭受的多次失败严重动摇了化学的基础那样，这两种科学能够汇合的证据也被冲淡了，关于它们各自描述的那种单一的、独立的、实在的强硬证据也是如此。

在对亚里士多德哲学和三大一神论宗教中的任何一种进行综合的一系列做法中，我们发现了追求统一的另一个重要案例。它开始于犹太思想家迈蒙尼德，其工作启发了很多伊斯兰思想家，比如伊本·西纳和伊本·拉什（阿维森纳和阿威洛伊），他们后又反过来影响了阿奎那意欲完成的伟大综合。注意到下面一点是非常有趣的：阿威洛伊意识到无法达到一种充分的综合，走向了一种“双重真理”理论，即依据某一框架对某些重要的真理进行相对化，因为这些真理相互之间存在绝对的冲突。这一运动与现代“反实在论”的某些样式有共同之处，比如我们可以在康德解决二律背反的做法中看到它的足迹。至于阿奎那，则支持一种强硬的**统一化的**实在论，由此他必须去实现一种充分的汇合。当然，这种做法到底成功与否在某些圈子中仍然是个被讨论的话题。克尔凯郭尔跟随帕斯卡尔的宣称，即亚伯拉罕、以撒和约伯的上帝不是哲学家的上帝，并逆黑格尔这个最后的伟大综合者而动，令人信服地指出了任何这种做法都必然失败的原因。

总而言之，西方人对融贯性和统一性的投入可以被看作一种研究物理本性和人类本性的特殊视角。但是它不可能被诸如唯名论或尼采视角主义那样的普遍形而上学观点来加以全面的质疑，虽然它对唯一性和优越性的要求确实可以被质疑。

目前我们还没有发现与我们的物理理论不相容的其他物理理论，但是可以肯定的是我们不理解的事物还有很多。我们上面提到的事例，针灸就一直在拒绝用西方医学的方式来理解它的做法。我们最终只能接受存在两种关于身体的解释，它们无法整合为一个融贯的图
158 式。对两种观点的整合可以有三种可能的途径。（1）进一步的研究可能会表明，这两种科学处理的是非常不同的问题，对一个问题的回答无论如何也无法影响到我们对另一个问题的研究——就像某人说的那样，这种区别就类似于自然科学问题和宗教信仰问题之间的区别。[7]（2）其中一种观点直接取代另一种观点，前者表明后者在处理异常现

象时力不从心，而更进步的观点则可以，就像后伽利略力学废黜亚里士多德的运动理论那样。（3）其中一种科学能够提供一个更加普遍的理论，另一种科学的有效发现能够被解释为这个更普遍理论的特殊案例（就像爱因斯坦的理论取代并含括了牛顿的运动定律那样）。根据我们的理解，（1）和（2）看上去都无法解释针灸和现代科学医学之间的模糊关系；它们处理的疾病范围有所重叠；并且两者中没有一个看上去是完全错误的。也许（3）的变体可以解释，根据这种变体，一种在将来更具包容性的理论能够说明两者的成功；但是从目前来看，这样的理论还遥遥无期。

并且还有更糟糕的情况。我们甚至还能在科学家和哲学家调和关于物理实在的机械论与那些诸如自由意志和意识等不可否认的事实的至今无果的拼搏中，发现保留两种**不相容**解释的需要。考虑到理论的历史以及西方对理性之统一性的信念史，这些情况中的聚合肯定是人们所向往的，并且聚合还使我们再次确信我们的理论描述了一个独立的实在，但是我们必须同时认识到不存在宇宙运行的单一方式。除非人们所致力于的那种统一是对实在的一种检验，否则如此各自分立的实在就不必意味着不存在与实在相符的描述，而是意味着有很多这样的描述。

这样一种可能性引发出一个更宽泛的问题：将物理本性视作无意义的那种解释能否与将宇宙视作有意义的、赋予人类一种特殊位置的那种解释调和起来。导向肯定回答的一条途径试图表明：我们的科学支持基督教宇宙观，根据这种观点人类乃是被造世界的中心。但是因为我们的科学基础是对其因果法则不会顾及我们人类自身及人类意义的宇宙的探索，所以上面的途径似乎并不是一个有前景的方案。它至 159
多表明我们的实际宇宙是一种看似极不可能的存在，但是任何特殊的宇宙都是同样极不可能的，并且都有可能产生有意识的存在者，而且我们的科学没有办法解释这个宇宙是如何被我们在心灵中引起的。

陀思妥耶夫斯基在其《卡拉马佐夫兄弟》中提出了一种更有前景的途径（与上文中的（1）相似）。这本书的目的之一在于，对罪、复活、重生等基督教概念以及洗礼、忏悔等基督教圣礼做出一种生存论的解读，表明这些概念和实践是如何回应人类境况的某些关键方面的，由此表明这些概念和实践是如何不必与物理学和化学法则处于冲突之中的。[8]

对于陀思妥耶夫斯基而言，一种关于我们在宇宙中享有独特位置的观点，比如在全书中间部分，阿廖沙的那种经验，“在上帝所造的所有世界之中，都似乎有一些线索将他的灵与世界联系起来，震颤不已”[9]，并不与现代科学对祛魅性宇宙的解释相冲突。只要我们不做那种与科学宇宙论相冲突的因果性主张，这种关于宇宙意义和我们在其中的位置的经验就能够被理解为渡我们至实在本身的津梁，人类在这种实在之中享有一种核心地位，这种实在绝不会依赖于我们对它的描述。

当然，原则上存在很多这样不可还原的甚至是不相容的关于实在的视角这一事实，同时也能够证明自然之为自然的方式并不是**唯一**的，因而也证明了符合自然的真理也不是**唯一**的，但是这并不是说**没有**自然的自在的存在方式——像尼采和后现代主义者主张的那样，所有的自然种类都是在与作为“视角”的人类兴趣的关联中被建构出来
160 的，或者像罗蒂也许会认为的那样，没有哪些描述性视角是可以符合于因果结构并由后者来确证的。相反，我们应该得出结论说存在很多种描述自然的方式，所有的这些方式都可以是正确的。

因而，**多元强健实在论**能够避免**还原的实在论**，后者认为唯有科学才能说明存在的所有样式；也能避免**科学实在论**，这种实在论认为仅仅存在一种方式能对宇宙进行分门别类，由此这些用语的使用者所指涉的东西就必然也是我们的自然种类用语所指涉的东西；同时多元强健实在论也拒斥了**压缩实在论**，后者主张我们科学中的真主张符合于自在事物的存在方式这点是无意义的。

一旦我们克服了中介图像及其制造精致反实在论的最终说来是无效的先天理由，我们关于与独立实在保有直接的具身接触的日常经验就敞开了一个可能性空间，在此空间中对我们的本性和宇宙的本质进行大量新的解释成为可能，从而帮助我们摆脱了如下一种经验探究：

如果有的话，到底哪种解释能够符合于实在的诸方面，以及如果确实可行的话，这些不同的方面又是如何组合在一起的。

2

存在很多不同的理解实在的方式这一事实促使我们质疑我们对物理本性的理解。同样地，文化的多样性事实，每种文化都带有其关于人之为人的独特理解，则促使我们质疑我们对人之本性的理解。

大概半个世纪之前，克里普克提出了他的严格指示词理论，海德格尔发展出一种类似的观念用来证明他规定此在之本质特征的做法。他意识到，如果要谈论人类的本质特征，就不能在探索的一开始就声称已然知道了它们是哪些特征。所以应该在何处开始呢？为了解决这个问题，海德格尔发展出一种关于他称之为“不具约束力的”指称的解说。他指出，这种指称只有借助他称之为形式标记（Formalen Anzeige）的东西才是可能的。不具约束力的指称开始于临时性地指称某种存在，此时只借助于某些偶然的特征，然后借助某种恰当的探 161
究，意求达到该事物种类的本质特征（如果有的话）。[10]

形式指示的发现使海德格尔能够在《存在与时间》的一开始将此在临时性地界定为其存在对其而言成了问题的存在者。对人类实践之意义的进一步探究——海德格尔的解释学方法——揭示了：通过使用器具来实现如教师或木匠这样的身份，此在含蓄地表达着自身。因而，这种表达其存在的存在者原来需要对重要之事有所了解，进而才能够接纳某种具体的角色，并且需要投入使用器具的操作活动之中以便实现那种身份要求的某些筹划。海德格尔将这种在-世界-之中 存在的三重结构称为被抛、投入（沉沦）和筹划，并且还表明了这一结构是如何使此在能够敞开一个世界的。作为这种敞现一个澄明之地或世界的存在者，此在的本质特征指的就是在-世界-之中-存在的基本结构。因而，此在的本质结构实际上指的就是它是一个开放的敞现世界者。[11]

后期海德格尔看到，这种敞现世界的能力使得人类文化能够打开诸多不同风格的世界，每个世界之中的人类拥有不同的本质。所以，在西方，人类被依次理解为自然的看护者、万物的照料者、理性动物、上帝的造物、与对象世界或当前所认为的能够最大限度满足我们的所需的资源场地相对的主体。如果这其中的任何一个解释被认为是关于我们的本质的唯一正确的解释，那么它就会遮盖住其他的解释，
162 使我们看不到我们是世界的敞现者这一真理。但是，如果任何一个解释能够被恰当地理解为只是众多**成**人方式中的一种，那么它就会向我们证实我们的一个本质特征就是世界的敞现者，这种本质性的存在方式使我们能够理解语言的作用以及这样一种事实：每个文化都具体表达了关于人类生命之意义的一种看法。

因此，任何一个具体的对人类本性的解释都承载着一种独特的对人类之善或人类权利的理解。比如，将人类理解为理性动物的各种观点都依赖于它们各自对人类卓越性的理解，从柏拉图的关于完全由理性掌控的生命这一朴素观念，途经亚里士多德关于良好生活中得到合理安排的人类之善的平衡的理论，再到康德对理性行动者之自律的强调，莫不如此。有神论者的观点则是在我们与上帝的特殊关系中来界定我们的最高之善。现代个体主义关于道德秩序的观念则将我们视为诸权利的享有者，如此等等。

很明显，海德格尔试图系统阐发一种人类生命的关键特征。但是他指出的那点，即人类能够制造出并确实也已经制造出很多不同的生活形式，仍然留给我们一个棘手的问题。我们不禁要自问，所有这些生活形式是否依赖于同等有效的人性之理解，即在对最高和最好的人类潜能有所意识的意义上的人性之理解。在我们所处的当代世界中，不同的文化被拉向彼此，相互接触和融合，这使我们能够包容差异，而不是去蔑视那些被我们的先辈视为外邦人的“古怪”习俗的东西。

问题仍然存在，并不是每种文化关于何为良善的看法都是同等地可被接受的。那些能够容忍对他者施加无妄之罪的观点，不管是被如

何定义的，对于我们而言看上去都忽视了关于人类的某些重要的东西。但是，难道我们的道德义愤感就一定不是相对于我们的文化承诺而有意义的东西吗？当我们研究历史和人类文化时，我们会听见一种由不同声音组成的嘈乱的杂音，这些声音制造出不相容的主张。跳出我们自己特殊的文化视角，是否有一种方式能够让我们在对人类本质性问题的诸文化理解中安排一种分级和批判？我们是否有希望能够围绕这些问题达到一种共识？或者是否可能至少获得某些适度的聚敛，可能是在摒弃某些结论方面，也可能是在达成一种普遍的认可——某些要素对于界定人类的本质而言是非常重要的——方面？

我们相信，在所有这些方面都有某些进步。首先，至少我们现在能够将其回顾性地重构为有效的替代性论点的东西其实已然在人类历史中出现。我们曾在第三章简单地触及过一种这样的论点。一个半世 163
纪之前，妇女在所有的自由民主社会（或像我们现在描述的那样，是那种正在走向自由民主制的社会）中都被拒绝享有选举权，甚至只有一小部分妇女赞成赋予她们以此项权利。当时相当有力的论点与那些少数勇敢的人提议普选权的做法相反，建议维持现状。据说，在以公民的身份去行动方面，妇女缺乏能力、判断、自控、客观性，或考虑到她们在生活中的真实角色，缺乏兴趣和投入。这种看法现在早已被抛弃了。

然而，这并不仅仅是一种历史力量对另一种历史力量的野蛮胜利。我们在这里将其视为一种理性替代，因为在今天，部分性地因为妇女参与的实际经验，关于她们本质性地缺乏能力或兴趣的各种观点才变成荒诞的。我们对那些提出并支持这些观点的人感到惊讶，既无法相信他们的智商，也无法相信他们的诚意。就后一种怀疑而言，我们是错误的和过时的，但事实是，这些观点不能够被理性地再推进了。当妇女被否认具有某些义务履行能力并被限制在生活的其他领域中时，关于她们在政治事务方面之能力或合适性的信念看上去是能够被确定的，但是现在在面对生活中的日常琐事时，这些信念就会消失褪色，变得非常荒谬。

借用恩斯特·图根哈特用来描述更迭的说法，我们经历了一种不可逆转的“经验方式”（Erfahrungsweg）[12] 的改变。在此之前，理性地来看，两种看法都是有可能的，但是在此之后，只有一种才是有可能的。

在我们的文明中，奴隶制的废除同样如此。这种特殊的制度依赖于某些神话，只有在实际的沉重处境中赋予这些神话以一种看似合理性时它们才是可信的。一旦这一处境消失，它们就会真的成为不可信的。

其次，我们还能够在关于某些方面的非常不同的整体性观点之间发现某些局部性的聚敛。妇女权利中的某些问题在现在的讨论中仍然是个比较合适的例子。替代性论点在诸文明中已经引发了很多变化，比如在上面提到的西方世界的例子中。但是在各文明之间也会有某些
164 聚敛。所以，在伊朗，虽然至今还有一些对妇女生活的严厉约束，但是她们确实享有选举权。这一变化的内在理路遵循着一条与西方世界不同的轨迹，它是在伊斯兰框架和前提之下发生的。但是就妇女选举权这一问题来看，它的结果与西方世界是一样的。

我们可以将这点视为一种更加普遍的趋势的一个部分，借此一种可能的关于人类权利问题的全球共识有望在我们的世界中被建立起来。这种聚敛可以比附于罗尔斯的“重叠共识”。[13] 也就是说，在关于人类及其本性和良善的深度信念（罗尔斯称为“关于善的综合理论”）方面，参与者的意见是不同的，但是他们同时还能共同认可某些规范。有人指出，这样的共识是通过诸如《世界人权宣言》和其他类似的国际性文件，以及以人权名义进行的各种国际性介入（带着它们所有的错误和偏见）、海牙国际法庭等方式，在第二次世界大战结束之后开始逐步建立起来的。在其最强的形式中，这种共识也不会达到宗教/伦理观上的完全一致，而是能够从很多不同的观点中，出于不同的理由生发出一种对某些规范的共同认可。[14]

所以说，差异的范围是在缩小的，这并非仅仅事实上如此，比如在消费品方面，而且法律方面也是如此，比如以前出现的那些法规。

也就是说，差异的范围要比以前更小了。在将来它还会被进一步缩小。

但是，我们还可以换种方式来细看一下这片分歧性观点的领地。我可以这样追问：什么样的要素或洞见如此稳固以至于能够被吸纳到关于人类本质和人类之善的任何可信的观点之中？一种这样的要素可能是：人类是世界敞现者。但是正像我们刚看到的那样，海德格尔的解释是有意止于形式化的，这样就可以为此在解释自身和敞现世界的所有具体方式保留空间。在这种关于作为世界之敞现者的有必要形式化的结构之外，是否还存在某些具体的本质结构？

如果存在，我们就有希望在人类身体的恒常结构中发现它们。我们可以转向梅洛-庞蒂和托迪斯来寻求帮助。我们已经知道，梅洛- *165*
庞蒂向我们详细解释了身体在知觉中的作用，尤其详细解释了我们灵活的身体如何使我们具有与实在直接接触的经验。但是，就像托迪斯指出的那样，梅洛-庞蒂将身体解释为“我能”——指的是我能够被引导着移动身体回应可供性的要求，以便获得对它们的最大把捉——的做法根本没有向我们解释做出某些特殊形式的运动的那种被特殊塑造的身体能力对于我们具有一个世界而言是如何成为本质性的。如果存在着这种文化性的恒常结构，它们就能够为关于我们之本性的所有解释制定规范。甚至它们还能够为所有可接受的解释提供具体的内容。

寻找内容——这种内容必然能够被吸纳进关于人类本质和人类之善的任何观点之中，唯有如此，对于我们而言它才是可信的，甚至是可理解的——的这种构想很少被人研究过，但是它所揭示的东西含有引人注目的深意。我们已经看到，我们的直立身姿似乎提供了一个文化常态，它在各种关于尊严和正当性的文化理解中均有表现。很明确，我们无法理解这样的文化，在其中“显赫之人”向“卑微之人”鞠躬或俯首，或者要求某人站立其实是对某人的侮辱。[15]

我们已经提示过，身体所发挥的普遍作用的另一个方面是我们对在托迪斯称为作用力的垂直场域中保持平衡的感觉。当他分析平衡活动中的关联要素时，托迪斯发现我们能够感觉到一种力量自上而下穿过我们。而且，我们被这一力量要求着去与其保持一致。如果我们没能做到这点，我们就会摔倒，而如果我们做到了，我们进而就能够面对自己的任务和他人，有效地开展活动。不管一种文化如何解释人类在更大的实在界中的位置，它都必须多少意识到我们服从某种外在性力量的必要性，这种力量要求我们与其保持一致，并且当我们做到这点时它还会给我们某些奖励。最后，（在第六章）我们还提到了互身
166 体性，也就是说，考虑到我们身体的工作方式，当我们将自身向世界开放时，我们的知觉和行动与他人的知觉和行动处于直接的关联之中。

也许，关于善的任何伦理意义，关于正当的任何道德意义，尤其是关于受惠于外在性力量的任何宗教意义，都必然服从于我们独特的人类具身性形式所具有的这些本质特征。托迪斯本计划对这一主张进行一种现象学论证，无奈早逝。这一主张被细化后还能否成立尚未有定论，但毋庸置疑的是，我们的直立身姿在塑造我们的世界和区分我们的存在方式与动物的存在方式的过程中发挥着普遍的作用。这一观点无疑应得到进一步的探究。

3

如果我们从长远的角度来看历史，可能会发现一种聚敛。比如，"轴心"[16] 革命在不同的世界文明那里带来了类似的变革，因而我们能够看到，在柏拉图和亚里士多德时代的哲学、古以色列希伯来先知教诲、中国孔子的新思想、《奥义书》吠陀思想家的教义以及佛陀和古印度其他改革家的教义之间有某些密切的亲缘性。这些伟大变革看上去呈现出一些共同的特征：新的普遍主义，对先前宗教生活的批判态度，对更高的善的观念的引入，以及对个体宗教和道德进展的关
167 注。这些变革不仅在其各自的语境中重新界定了什么是更高的生活形

式，它们还不可逆转地改变了整个社会。

这将我们导向了所谓的“棘轮效应”。[17] 它指的是历史中的那些转变，这些转变一旦发生，人们就会发现要想再返回到先前那种主导性的观点上去不仅是不可能的，甚至还是不可想象的。轴心转变无疑就是这一类型。但是也有例外，比如向国家中心城市和都市社会的移民运动，以及更晚近的工业化、国家建设和全球化方面的稳定进步。然而与科学中的范式转换不同，比如从亚里士多德力学到牛顿力学的转变，同时也与我们上面讨论过的那种少量的伦理观方面的广泛变化不同，这些变化留给现代人这样一种感觉：虽然获得了某些东西，但是另外一些东西却不可挽回地丢失了。[18] 我们很难想象它如何不是这样。[19]

这些改变都含有很多聚敛，但是就像人权的案例表明的那样，走向汇合反映着一直就有的不可改变的多样性。人权方面的世界共识对很多人都是有效的，但是不同的环境接受这一共识的理由是非常不同的。有些人会根据上帝按照自己的形象造人这一观点来接受生命拥有权利的主张，有的人是根据佛教的非暴力教义来接受人权共识，还有人根据康德关于作为理性行动者的人的尊严的观点，再有就是根据趋利避害的功利主义原则来接受这一共识。在最深层的根本理由方面，我们其实并非同路人。我们也许都会同意，比如说当我们签订一份新的人权协议时，我们取得了进步，但是我们会在这些进步到底是什么这一问题上出现巨大分歧：我们是实现了18世纪启蒙运动的梦想，还是更加接近上帝的意志？再或者是在佛陀教诲的道路上前进得更远了？

这反映出我们在不同的轴心革命之间所看到的关系。比如，在柏拉图、以色列先知和佛陀的教义之间无疑存在一种亲近性，但是在基本本体论方面却留有巨大差异。

4

不管是在科学的层面还是在文化伦理层面，我们都有道义上的和 *168*

理智上的充分理由来追求和尝试一种诸观点之间的统一，但是同时我们也应看到这种工作并不是一帆风顺的。我们强健而多元的实在论能够最大限度地公平对待这一困境。无论如何，它不是这样一种武断的信条，即认为任何统一都是不可能的，它仅仅是悬置了对统一的最终可能性的判断，并且同时认为进一步的统一确实是值得尝试的东西——甚至对于我们中的一些人来说，它是一个推动我们去继续尝试的信念。

注释

[1] 玛格里特和哈伯塔尔的主张很有趣，他们认为：希伯来《圣经》中对偶像崇拜的最早谴责并没有否认诸神的存在；敬拜这些神的罪责是对以色列上帝的一种不忠，它往往在关于“追求错误的神”的性描绘中有所表现，不过后来这些竞争性的神就被看作纯粹的虚构之物了（参见以利亚对巴力先知的嘲笑）。Moshe Halbertal and Avishai Margalit，*Idolatry*（Cambridge，MA：Harvard University Press，1992）.

[2] Martin Heidegger，*The Question Concerning Technology*，117.［中译本：海德格尔，《林中路》，孙周兴译，67 页，上海：上海译文出版社，2008。——译者注］

[3] Martin Heidegger，*Poetry*，*Language*，*Thought*（New York：Harper & Row，1971），170.［中译本：海德格尔，《演讲与论文集》，孙周兴译，177 页，北京：三联书店，2005。——译者注］

[4] Heidegger，“Science and Reflection”，in *The Question Concerning Technology*，173-174.［中译本：同上书，57 页。——译者注］

[5] Martin Heidegger，*Introduction to Metaphysics*，trans. Gregory Fried and Richard Polt（London：Yale University Press，2000），14-16. 还可见 Hubert L. Dreyfus and Sean Dorrence Kelly，“Conclusion：Lives Worth Living in a Secular Age”，in *All Thing Shining*：*Reading the Western Classics to Find Meaning in a Secular*

Age（New York：Free Press，2011），190－223。

[6] William Wordsworth，"Tintern Abbey"，in *The Complete Poetical Works*（London：Macmillan and Co.），1888.［中译本：华兹华斯、柯尔律治，《华兹华斯、柯尔律治诗选》，杨德豫译，131页，北京：人民文学出版社，2001。——译者注］

[7] 见 Stephen Jay Gould，*Rocks of Ages：Science and Religion in the Fullness of Life*（New York：Random House，1999）。

[8] 比如，当德米特里听说克洛德·贝尔纳发现了神经元时，他错误地认为他不得不放弃这样的信念：他有灵魂，并能够通过受苦来偿还他的罪过。"想象一下那些神经元就在大脑里面……（去它们的!）它们带着小尾巴……只要它们开始颤动……我就能看见和进行思考了，这主要靠的是这些小尾巴，而不是我有一个灵魂……这太重大了，阿廖沙，这是门新科学！一种新的人类开始诞生……但是我还是舍不得上帝!"（book XI，chapter 4）［因作者节选与中译本差异较大，故不采用中译本译文。——译者注］阿廖沙的反应是直接忽视德米特里的结论，鼓励他去发现一种不同意义上的新人。德米特里很快就说："兄弟，在这最后两个月中……一种新人在我之中诞生了。他……一直被禁闭在我的内部，要不是这次晴天霹雳，他就永不会出来。"（book XI，chapter 4）与科学上的新人——陀思妥耶夫斯基并不反对它——相反，德米特里用同等有效的生存理解将受苦、复活与喜悦联系在一起。

[9] Dostoyevsky，*Brothers Karamazov*，book VII，chapter 4.

[10] 见 Martin Heidegger，*Being and Time*，trans. John MacQuarrie（New York：Harper，1962），152。［中译本：《存在与时间》，143页。——译者注］海德格尔在这里说道，"（'我'只可领会为某种东西的）不具约束力的形式标记；这种东西在当下现象的存在联络中也许会绽露自身为它的'对立面'"。也可见 Martin Heidegger，*The Phenomenology of Religious Life*，trans. Matthias Fritsch and Jennifer Anna Gosetti-Ferencei（Bloomington：Indiana University Press，2010），42－45。为了与严格指示词进行对比，后面我们将

Anzeige 翻译为“指示”而非“标记”。

［11］Charles Spinosa，Fernando Flores，Hubert L. Dreyfus，*Disclosing New Worlds：Entrepreneurship，Democratic Action，and the Cultivation of Solidarity*（Cambridge，MA：MIT Press，1997）.

［12］Ernst Tugendhat，*Selbstbewusstsein und Selbstbestimmung*（Frankfurt：Suhrkamp，1979），275.

［13］John Rawls，*Political Liberalism*（New York：Columbia University Press，1993）.

［14］见 Charles Taylor，“Conditions of an Unforced Consensus on Human Rights?”，in *Dilemmas and Connections*（Cambridge，MA：Harvard University Press，2011），chapter 6。

［15］在有关显赫和卑微的通常理解之外的理解无法被视为理所当然的。这样的理解一般都被加以强调，并被赋予特殊的意义，就像耶稣在《新约》（《马太福音》20：24－28；《约翰福音》13：13－15）中做的那样。但是，这也证明了我们关于位高与位低的理解所具有的普适性，因为目前还没有哪种文化，甚至包括我们自己的基督教文化，能够将那种拥有最高权威的人制度化地定性为卑贱之人。

［16］*Achsenzeit*. 见 Karl Jaspers，*Vom Ursprung und Ziel der Geschichte*（Zürich：Artemis-Verlag，1949）。甚至是那些看上去很可能避开了轴心转换的文明，比如日本文明（Robert N. Bellah，“The Heritage of the Axial Age：Resource or Burden”，and Shmuel Noah Eisenstadt，“The Axial Conundrum between Transcendental Vision and Vicissitudes of Their Institutionalizations：Constructive and Destructive Possibilities”，both in *The Axial Age and Its Consequences*，ed. Pobert N. Bellah and Hans Joas［Cambridge，MA：Belknap Press of Harvard Univeristy Press，2012］）也经历了一场棘轮效应，因为它受到后轴心宗教形式（佛教以及近来几个世纪的基督教）的深刻影响。这些宗教形式在某种意义上已经被中性化了，但是

受此影响之后的生活模式仍然不同于在此之前的没有发生轴心转换的生活模式。

[17] Charles Taylor, *A Secular Age* (Cambridge, MA: Belknap Press of Harvard University Press, 2007), 273.

[18] 见 Pierre Clastres, *La Societe Contre l' Etat* (Paris: Minuit, 1974)。对轴心时代发生的转变的讨论，可见 Taylor, *A Secular Age*。

[19] 见 Gopal Sreenivasan, "What Is the General Will?", *Philosophical Review* 109, no. 4 (2000): 545-581。

索　引

译后记

休伯特·德雷福斯和查尔斯·泰勒在当代西方哲学丛林中声名显赫，前者以后胡塞尔现象学和人工智能哲学研究为重点，在北美哲学界培养了一大批欧陆哲学研究人才，后者研究领域相对驳杂，涉及德国哲学、政治哲学、语言哲学等多个领域，且在每个领域均有较大影响。两人合著的《重申实在论》出版于2015年，是一部较为晚近的专著。该书对肇始于2005年的德雷福斯-麦克道威尔之争进行了总结，基于海德格尔和梅洛-庞蒂的现象学立场、维特根斯坦的语言哲学以及詹姆斯·吉布森的知觉心理学观点，对各种形式的间接实在论进行了批评，重新申明了自己的“多元强健实在论”主张。

该书行文崎岖，有些地方甚难翻译。本译稿前后修改数次，力求信实，但仍不免存在错讹之处和不当之处，还请学界同人批评指正。

本书的翻译，得到南开大学李国山教授、北京师范大学王成兵教授和中国人民大学出版社王磊老师、学术出版中心杨宗元老师的热情支持，吴冰华编辑为该书的审阅编排工作付出了巨大的辛劳，在此一并表示感谢！

本书的翻译工作得到国家社会科学基金青年项目“克尔凯郭尔的主体性真理观研究”（15CZX031）的支持。

吴三喜

2019 年 4 月 5 日于石家庄

Retrieving Realism
By Hubert Dreyfus, Charles Taylor

Published by arrangement with Harvard University Press
through Bardon-Chinese Media Agency

图书在版编目(CIP)数据

重申实在论/（美）休伯特·德雷福斯，（加）查尔斯·泰勒著；吴三喜译.
--北京：中国人民大学出版社，2020.1
（当代世界学术名著）
ISBN 978-7-300-27772-1

Ⅰ.①重… Ⅱ.①休…②查…③吴… Ⅲ.①实在论-研究 Ⅳ.①B089

中国版本图书馆 CIP 数据核字（2019）第 283978 号

当代世界学术名著
重申实在论
[美] 休伯特·德雷福斯（Hubert Dreyfus）
[加] 查尔斯·泰勒（Charles Taylor） 著
吴三喜 译
Chongshen Shizailun

出版发行	中国人民大学出版社		
社　　址	北京中关村大街 31 号	**邮政编码**	100080
电　　话	010－62511242（总编室）		010－62511770（质管部）
	010－82501766（邮购部）		010－62514148（门市部）
	010－62515195（发行公司）		010－62515275（盗版举报）
网　　址	http://www.crup.com.cn		
经　　销	新华书店		
印　　刷	天津中印联印务有限公司		
规　　格	155 mm×235 mm　16 开本	**版　　次**	2020 年 1 月第 1 版
印　　张	12.5 插页 2	**印　　次**	2020 年 1 月第 1 次印刷
字　　数	164 000	**定　　价**	38.00 元